Libro Nuove abitudini efficaci e di successo

Cambiare le abitudini per costruire la ricchezza,
Intelligenza emotiva
Guida alla perdita di peso
di Brian Mahoney

Indice dei contenuti

Introduzione: Il potere delle abitudini

Capitolo 1 Perché prendiamo cattive abitudini

Capitolo 2 Interruzione del ciclo

Capitolo 3 Il costo di rimanere uguali

Capitolo 4 Ricostruzione delle abitudini alimentari

Capitolo 5 Il movimento come stile di vita

Capitolo 6 La mente sul piatto

Capitolo 7 Interrompere il ciclo delle spese eccessive

Capitolo 8 Costruire la disciplina finanziaria

Capitolo 9 La mentalità della ricchezza

Capitolo 10 Comprendere l'intelligenza emotiva

Capitolo 11 Sostituzione della reattività con la risposta

Capitolo 12 Rafforzare le relazioni attraverso l'EQ

Capitolo 13 Accatastamento delle abitudini per il successo

Capitolo 14 Il ruolo della responsabilità

Capitolo 15 Celebrazione delle pietre miliari

Conclusione

Glossario dei termini

Dichiarazione di non responsabilità

Le informazioni presentate in questo libro hanno uno scopo esclusivamente educativo e informativo. Le strategie e i consigli offerti si basano su principi ampiamente riconosciuti di sviluppo personale, salute, finanza e intelligenza emotiva, ma non sono intesi come consigli professionali di tipo medico, finanziario o psicologico.

Prima di apportare modifiche significative alla dieta, all'esercizio fisico o alle pratiche finanziarie, si consiglia vivamente di consultare un professionista abilitato, come un medico, un consulente finanziario o un terapeuta, per assicurarsi che le misure adottate siano adeguate alle circostanze individuali.

L'autore e l'editore non sono responsabili di eventuali lesioni, perdite finanziarie o disagi emotivi che potrebbero verificarsi in seguito all'applicazione delle informazioni fornite in questo libro. Qualsiasi azione intrapresa sulla base del contenuto di questo libro è a vostro rischio e pericolo.

È stato fatto ogni sforzo per assicurare l'accuratezza delle informazioni contenute in questo libro, ma l'autore e l'editore non forniscono alcuna garanzia sui risultati che potreste ottenere. Il successo è determinato in ultima analisi dall'impegno individuale, dalle circostanze e dalla costanza con cui si applicano le strategie descritte.

Utilizzando questo libro, l'utente riconosce e accetta questi termini.

Introduzione: Il potere delle abitudini

Le abitudini sono i mattoni della nostra vita quotidiana. Dal momento in cui ci si sveglia a quello in cui si va a letto, gran parte di ciò che si fa è guidato da routine automatiche piuttosto che da decisioni consapevoli. Queste abitudini possono spingervi verso il successo o tenervi bloccati in cicli di frustrazione, dubbi su voi stessi e opportunità mancate.

Questo libro si propone di sfruttare il potere trasformativo delle abitudini per annullare quelle che non vi servono e sostituirle con altre che vi porteranno a un corpo più sano, a un futuro più ricco e a un'intelligenza emotiva più forte. Comprendendo la scienza delle abitudini e applicando strategie pratiche, potrete cambiare radicalmente la traiettoria della vostra vita.

1. La forza invisibile che plasma la vostra vita

Le abitudini funzionano come un sistema di pilota automatico, guidando le vostre azioni senza richiedere un pensiero o uno sforzo costante. Sono efficienti e permettono di risparmiare energia mentale, consentendo di svolgere le attività senza pensarci troppo. Tuttavia, questa stessa efficienza può essere dannosa quando le cattive abitudini si radicano.

Esempi del potere delle abitudini:

    Abitudini positive: Lavarsi i denti, fare attività fisica regolare o rispettare un budget.

    Abitudini negative: Spuntini senza pensieri, procrastinazione o spese eccessive.

Le vostre abitudini non si limitano a plasmare la vostra routine quotidiana, ma determinano i risultati che otterrete in termini di salute, finanze, relazioni e benessere emotivo.

Approfondimento chiave:

Le piccole abitudini, se ripetute con costanza, hanno un effetto cumulativo nel tempo. Un comportamento apparentemente insignificante oggi può portare a risultati significativi mesi o anni dopo.

Compito di riflessione:

Identificate un'abitudine, buona o cattiva, che ha avuto un impatto significativo sulla vostra vita. Scrivete in che modo ha dato forma a ciò che siete oggi.

2. Perché lottiamo per rompere le cattive abitudini

Invertire le cattive abitudini può sembrare una battaglia in salita, e c'è un motivo: le abitudini sono profondamente radicate nel cervello. Il ciclo di stimolo, routine e ricompensa forma un potente circolo vizioso che diventa difficile da interrompere.

Il ciclo delle abitudini:

Spunto: un fattore scatenante che dà inizio all'abitudine.

Routine: L'azione che si compie in risposta allo spunto.

Ricompensa: Il beneficio o il sollievo che si ottiene e che rafforza il comportamento.

Le cattive abitudini sono spesso alimentate da ricompense immediate, anche se le conseguenze a lungo termine sono dannose. Per esempio:

La sovralimentazione fornisce un comfort immediato, ma porta all'aumento di peso.

Gli acquisti d'impulso portano un'eccitazione temporanea, ma danneggiano le vostre finanze.

Reagire emotivamente ai conflitti è catartico, ma danneggia le relazioni.

Compito di riflessione:

Pensate a una cattiva abitudine con cui lottate. Identificatene lo spunto, la routine e la ricompensa.

3. Il potenziale di trasformazione

La buona notizia è che le abitudini non sono incastonate nella pietra. Sono schemi, e gli schemi possono essere cambiati con il giusto approccio. Comprendendo come funzionano le abitudini e imparando a sostituirle consapevolmente, è possibile trasformare i cicli distruttivi in cicli potenzianti.

Considerate questo:

Invece di cercare cibo spazzatura quando si è stressati, ci si può allenare a fare una passeggiata o a praticare la respirazione profonda.

Invece di evitare la pianificazione finanziaria, potete prendere l'abitudine di tenere traccia delle vostre spese ogni giorno.

Invece di reagire impulsivamente in situazioni emotivamente cariche, si può imparare a fermarsi e a scegliere una risposta ponderata.

L'obiettivo non è eliminare le abitudini, ma costruirne di migliori. Così facendo, si ottiene il controllo sulle proprie azioni e si crea una vita in linea con le proprie aspirazioni.

Fase d'azione:

Scrivete una cattiva abitudine che volete eliminare e pensate a un'abitudine più sana per sostituirla.

4. Perché questo libro è importante

Questo libro è la vostra guida alla trasformazione. Si tratta di qualcosa di più che di rompere le cattive abitudini: si tratta di reclamare il vostro potere di plasmare la vostra vita in modo intenzionale. Se il vostro obiettivo è perdere peso, ottenere stabilità finanziaria o rafforzare le vostre relazioni, le strategie contenute in questo libro vi permetteranno di:

Identificate le abitudini che vi bloccano.

Comprendere i fattori scatenanti e le ricompense che li determinano.

Sostituire i modelli distruttivi con comportamenti positivi e sostenibili.

Cosa imparerete:

La psicologia e la scienza delle abitudini.

Tecniche pratiche per ricablare il proprio comportamento.

Come creare un sistema di responsabilità e celebrare i progressi.

Attraverso questo processo, scoprirete il vostro potenziale non solo per raggiungere gli obiettivi, ma anche per costruire una vita di scopo, disciplina e realizzazione.

5. Il vostro viaggio inizia qui

Rompere le cattive abitudini e costruirne di migliori è un viaggio, non una soluzione immediata. Richiede impegno, consapevolezza di sé e resilienza. Ma le ricompense cambiano la vita. Immaginate una versione di voi stessi che:

Si sveglia con energia e fiducia, sapendo che sta facendo scelte che favoriscono la sua salute.

Si sente in controllo delle proprie finanze ed è entusiasta del proprio futuro finanziario.

Gestisce le relazioni con empatia, pazienza e intelligenza emotiva.

Questa trasformazione è possibile e inizia con un piccolo passo alla volta.

Compito finale:

Stabilite un'intenzione per questo viaggio. Scrivete un'area specifica della vostra vita che vi impegnate a migliorare attraverso le strategie di questo libro.

Pensieri conclusivi sul potere delle abitudini

Le abitudini non sono solo azioni: sono l'espressione di chi siete e di chi state diventando. Prendendo in mano le vostre abitudini, prendete in mano il vostro destino. Questo libro vi servirà come tabella di marcia per invertire le cattive abitudini e sbloccare la versione di voi stessi più sana, ricca ed emotivamente intelligente che sta aspettando di emergere.

Cominciamo.

Capitolo 1:
Perché prendiamo cattive abitudini

Guida dell'istruttore per capire e affrontare le cattive abitudini

Benvenuti! Siete qui perché riconoscete che alcune delle vostre abitudini vi bloccano, e questo è un primo passo coraggioso e potente. Cominciamo a capire perché queste abitudini esistono, perché conoscere il "perché" ci dà gli strumenti per cambiarle.

1. Cosa sono le abitudini?

Le abitudini sono azioni automatiche che il cervello ha programmato per risparmiare energia. Pensate a lavarvi i denti o ad allacciarvi le scarpe: non dovete pensarci, ma accadono e basta. Questo è il lato positivo delle abitudini.

La sfida è quando le abitudini si rivoltano contro di voi, come scorrere i social media per ore o mangiare troppo quando siete stressati. Si tratta di schemi che il vostro cervello ha appreso perché, a un certo punto, vi hanno fatto sentire meglio o hanno risolto un problema, anche se solo temporaneamente.

2. Comprendere il ciclo delle abitudini

Per correggere le cattive abitudini, bisogna innanzitutto capire come funzionano. Ogni abitudine è composta da tre parti:

Spunto (Trigger): È ciò che mette in moto l'abitudine. Può essere un'emozione, un momento della giornata o persino un odore.

Esempio: Ci si annoia al lavoro.

Routine (comportamento): È l'azione che si compie in risposta allo spunto.

Esempio: Si prende un sacchetto di patatine per fare uno spuntino.

Ricompensa: È la ricompensa che rafforza il comportamento, anche se di breve durata.

Esempio: Si prova una breve sensazione di piacere mangiando le patatine.

Il vostro compito:

Pensate a una cattiva abitudine che vorreste cambiare. Scrivete:

Lo spunto che lo fa scattare.

La routine che si segue.

La ricompensa che si ottiene.

3. Perché le cattive abitudini rimangono?

Le cattive abitudini si mantengono perché danno qualcosa che si desidera, di solito una gratificazione immediata. Vediamo di capire meglio:

Ci si sente stressati (spunto), quindi ci si abbuffa di TV (routine) per sentirsi rilassati (ricompensa).

Il problema? Questa "ricompensa" è temporanea e non affronta il problema alla radice: lo stress.

Le cattive abitudini si sviluppano anche in ambienti che le rendono facili. Pensateci: se il cibo spazzatura è sempre in casa, è più difficile evitarlo. Oppure se il telefono è a portata di mano, lo scrolling diventa automatico.

Il vostro compito:

Dedicate una giornata all'osservazione di voi stessi. Quali abitudini si verificano senza che ci pensiate? Cosa le innesca? Scrivete quanto più possibile.

4. State rafforzando le vostre cattive abitudini?

A volte rafforziamo le cattive abitudini senza rendercene conto. Per esempio:

Dicendo a se stessi: "Non riesco sempre a stare a dieta", si dà al cervello una scusa per smettere di provarci.

L'uso di frasi come "sono solo un nottambulo" può impedirvi di creare una routine mattutina produttiva.

Ecco la verità: le storie che vi raccontate danno forma alle vostre abitudini. Se vi vedete come qualcuno che non può cambiare, le vostre abitudini lo rifletteranno.

Il vostro compito:

Scrivete le etichette che vi siete dati (ad esempio, "non sono bravo con i soldi"). Sfidatele chiedendo: "È davvero così o è solo un'abitudine di pensiero?".

5. I costi nascosti delle cattive abitudini

Le cattive abitudini non sono solo fastidiose: hanno un prezzo.

Salute: Procrastinare l'esercizio fisico o mangiare male si ripercuote sul corpo.

Ricchezza: Le spese eccessive o il mancato risparmio prosciugano la vostra stabilità finanziaria.

Emozioni: Reagire invece di riflettere può danneggiare le relazioni e l'autostima.

Chiedetevi:

In che modo questa abitudine mi blocca?

Come sarebbe la mia vita se la sostituissi con qualcosa di meglio?

Il vostro compito:

Scrivete un modo in cui una cattiva abitudine vi sta costando in ogni area: salute, ricchezza ed emozioni. Siate onesti con voi stessi.

6. Cominciamo dal piccolo: il primo passo verso il cambiamento

Per cambiare una cattiva abitudine, non è necessario risolvere tutto in una volta. Iniziate a capire un'abitudine e i suoi fattori scatenanti. Per il momento, concentratevi sulla consapevolezza.

Tenere un diario: Per una settimana, annotate quando si verifica la vostra cattiva abitudine, cosa l'ha scatenata e come vi siete sentiti dopo.

Chiedere "Perché?": Scavate in profondità. Perché si ricorre a questa abitudine? Quale bisogno state cercando di soddisfare?

Ricordate: le cattive abitudini sono spesso solo soluzioni a bisogni non soddisfatti. Una volta compreso il bisogno, si possono trovare modi più sani per soddisfarlo.

Capitolo 2:
Interrompere il ciclo delle cattive abitudini

Bentornati! Ormai avete fatto il primo passo: capire il perché delle vostre cattive abitudini. Ottimo lavoro. Ora cambiamo marcia e parliamo di come liberarsi da questi cicli e iniziare a creare un cambiamento duraturo. Questo capitolo sarà dedicato alle strategie: semplici, pratiche ed efficaci.

1. Riconoscere il potere della consapevolezza

Il primo passo per interrompere un'abitudine è fare luce su di essa. Molte cattive abitudini prosperano nell'oscurità: avvengono in modo così automatico che non ci rendiamo nemmeno conto di farle.

Immaginate questo: Entrate in cucina e, senza pensarci, prendete uno snack. Perché? Perché è un'abitudine. Ma se vi fermaste e vi chiedeste: "Ho davvero fame?". Questo momento di consapevolezza è l'inizio del cambiamento.

Il vostro compito:

Per la prossima settimana, utilizzate questa semplice tecnica di interruzione delle abitudini:

Quando vi accorgete che state per prendere una cattiva abitudine, fate una pausa.

Chiedetevi:

Cosa provo in questo momento?

Perché sto per farlo?

C'è un modo più sano di gestire questo momento?

2. Sostituire, non rimuovere

Ecco una verità: le abitudini sono difficili da "rompere", ma possono essere sostituite. Al cervello non piace il vuoto. Se si cerca di interrompere una cattiva abitudine senza sostituirla con qualcos'altro, è più probabile che si torni indietro.

Esempio:

Vecchia abitudine: Prendere una bibita zuccherata ogni pomeriggio.

Abitudine sostitutiva: Scegliere invece l'acqua frizzante o la tisana.

Notate che state ancora onorando la voglia di bere, ma con una scelta più sana.

Il vostro compito:

Scegliete una cattiva abitudine su cui volete lavorare questa settimana. Scrivete:

L'abitudine che si vuole sostituire.

Un'alternativa positiva che soddisfa la stessa esigenza.

Impegnatevi a praticare la sostituzione per una settimana.

3. Controllare l'ambiente

Molte abitudini sono influenzate dall'ambiente circostante. Se l'ambiente in cui viviamo sostiene la nostra cattiva abitudine, è come cercare di nuotare controcorrente. Cambiando l'ambiente, sarà più facile modificare il proprio comportamento.

Esempi:

Problema: si mangia troppo cibo spazzatura.

Soluzione: Eliminare il cibo spazzatura dalla casa e fare scorta di snack sani.

Problema: si procrastina guardando la TV.

Soluzione: Tenete il telecomando in un cassetto e mettete un libro o il vostro materiale di lavoro sul divano.

Il vostro compito:

Scegliete un'abitudine legata al vostro ambiente. Poi:

Identificare il fattore scatenante nell'ambiente circostante.

Cambiate quella parte del vostro ambiente per rendere più difficile l'abitudine.

4. Sfruttare il potere delle piccole vittorie

I cambiamenti grandi e radicali spesso falliscono perché sono eccessivi. Puntate invece su vittorie piccole e gestibili, che diano slancio al tempo.

Esempio:

Invece di dire: "Mi allenerò per un'ora al giorno", iniziate con soli 5 minuti.

Se volete ridurre il tempo trascorso davanti allo schermo, cominciate a ridurlo di 10 minuti al giorno.

La chiave è la coerenza. Le piccole vittorie portano a grandi cambiamenti.

Il vostro compito:

Individuate una "piccola vittoria" su cui potete lavorare oggi. Qual è una piccola azione che vi porta nella giusta direzione? Scrivetela e impegnatevi a compierla ogni giorno per una settimana.

5. Usare la responsabilità per rimanere in carreggiata

Ammettiamolo: cambiare abitudini è difficile da fare da soli. Avere qualcuno che vi responsabilizzi può fare la differenza.

Esempi di strumenti di responsabilità:

Sistema Buddy: Trovate un amico o un familiare che possa controllare i vostri progressi.

Impegni pubblici: Condividere i propri obiettivi con gli altri: questo crea una pressione esterna a seguire gli impegni.

Tracciare i progressi: Utilizzate un'applicazione di monitoraggio delle abitudini o un semplice calendario per segnare ogni giorno in cui vi attenete al vostro obiettivo.

Il vostro compito:

Scegliete un metodo di responsabilità che vada bene per voi. Scrivetelo e impostatelo oggi stesso.

6. Praticare l'autocompassione

Rompere un'abitudine non è un percorso lineare. Ci saranno delle battute d'arresto, e va bene così. L'obiettivo non è la perfezione, ma il progresso.

Quando si scivola, evitare di rimproverarsi. Piuttosto, chiedetevi:

Cosa ha scatenato tutto questo?

Come posso prepararmi meglio per la prossima volta?

Trattate voi stessi con la stessa gentilezza che offrireste a un amico.

Il vostro compito:

Scrivete una frase di autocompassione da usare quando scivolate. Esempio:

"Va bene avere delle battute d'arresto. Sto imparando e migliorando ogni giorno".

7. Spezzare il ciclo in azione

Ecco un riepilogo dei passi da compiere per interrompere la cattiva abitudine:

Riconoscerla: Acquisire consapevolezza dell'abitudine.

Sostituirlo: Scegliete un'alternativa più sana.

Ristrutturare l'ambiente: Eliminare i fattori scatenanti e le tentazioni.

Iniziare in piccolo: Concentratevi su azioni coerenti e gestibili.

Rimanere responsabili: Fatevi aiutare e seguite i vostri progressi.

Siate gentili con voi stessi: Imparate dalle battute d'arresto e continuate ad andare avanti.

Nel prossimo capitolo approfondiremo i costi nascosti delle cattive abitudini e il loro impatto sulla salute, sulla ricchezza e sul benessere emotivo. Per ora, concentratevi sull'osservazione, la sostituzione e la messa in pratica di queste strategie.

Ricordate, il cambiamento è un processo e voi state andando benissimo!

Capitolo 3:
Il costo di rimanere invariati

Benvenuti al Capitolo 3! Finora abbiamo parlato del perché si formano le abitudini e di come iniziare a rompere il ciclo. Ma fermiamoci un attimo e chiediamoci: Cosa succede se non cambio?

Non si tratta di spaventarvi, ma di aiutarvi a capire il vero costo di rimanere bloccati nelle cattive abitudini. Una volta capito quanto si rischia di perdere, ci si sentirà ancora più motivati a creare un futuro migliore.

1. I costi sanitari delle cattive abitudini

Le cattive abitudini si ripercuotono sul corpo nel corso del tempo. I danni possono non manifestarsi immediatamente, ma nel corso dei mesi e degli anni le conseguenze si sommano.

Costi sanitari comuni:

Scelte alimentari sbagliate: Possono provocare aumento di peso, malattie cardiache, diabete e affaticamento.

Mancanza di esercizio fisico: Indebolisce i muscoli, riduce la resistenza e contribuisce all'insorgere di malattie croniche.

Stress e cattive abitudini del sonno: Abbassano il sistema immunitario, aumentano la pressione sanguigna e lasciano una sensazione di stanchezza mentale.

Il controllo della realtà:

Immaginate di trovarvi 5, 10 o 20 anni nel futuro. Che impatto avranno queste abitudini sulla vostra salute fisica? Avrete l'energia per godervi la vita, viaggiare o giocare con i vostri figli o nipoti?

Il vostro compito:

Scrivete una cattiva abitudine per la salute che avete attualmente. Poi, scrivete una breve descrizione di come potrebbe influenzarvi se la continuaste per i prossimi 10 anni.

2. I costi finanziari delle cattive abitudini

Le cattive abitudini possono prosciugare silenziosamente il vostro portafoglio. Pensate alle spese quotidiane o alle decisioni di spesa impulsive: quanto vi costano davvero?

Esempi di costi finanziari:

   Corse giornaliere al caffè o al take-away: 5 dollari al giorno possono non sembrare molti, ma in un anno sono quasi 2.000 dollari.

   Acquisti impulsivi: Vestiti, gadget o abbonamenti che non si usano possono accumularsi velocemente.

   Opportunità mancate: Spendere invece di risparmiare o investire limita la crescita finanziaria.

Il controllo della realtà:

Pensate a come potrebbero essere le vostre finanze se ridirigeste anche solo una parte delle vostre spese in risparmi o investimenti.

Il vostro compito:

Esaminate le vostre spese recenti. Individuate un'abitudine o una spesa che potreste ridurre. Scrivete quanto risparmiereste in un mese e in un anno cambiando questa abitudine.

3. I costi emotivi delle cattive abitudini

Le cattive abitudini non riguardano solo il corpo e il conto in banca, ma anche la mente e il cuore.

Costi emotivi:

   Bassa autostima: I ripetuti fallimenti nel cambiamento possono farvi sentire sconfitti o bloccati.

   Relazioni danneggiate: Trascurare i propri cari, comunicare male o essere reattivi può mettere a dura prova i legami.

   Sovraccarico mentale: Lo stress dovuto alla procrastinazione o ai compiti non portati a termine può farvi sentire sopraffatti.

Il controllo della realtà:

Come sarebbe la vostra vita emotiva se sostituiste una cattiva abitudine con una sana ed edificante? Potreste essere più sicuri di voi stessi, meno stressati o più vicini alle persone a cui tenete?

Il vostro compito:

Pensate a una cattiva abitudine che ha un impatto negativo sulle vostre emozioni o relazioni. Scrivete come la vostra vita migliorerebbe emotivamente se la superaste.

4. Costi di opportunità: Cosa vi state perdendo?

Ogni cattiva abitudine ruba tempo ed energia che potrebbero essere spesi per qualcosa di più significativo. Consideriamo:

   Tempo: La procrastinazione, il binge-watching o lo scrolling senza pensieri potrebbero essere utilizzati per imparare nuove abilità, costruire relazioni o lavorare sui propri sogni.

Energia: Le cattive abitudini prosciugano l'energia fisica e mentale, lasciandovi troppo esausti per perseguire i vostri obiettivi.

Il controllo della realtà:

Chiedetevi: Cosa potreste ottenere se recuperaste una sola ora al giorno dalle vostre cattive abitudini?

Il vostro compito:

Scrivete un grande obiettivo che state rimandando. Ora calcolate quanto tempo risparmiereste ogni settimana riducendo un'abitudine che vi fa perdere tempo.

5. Il costo del rimpianto

Il rimpianto è uno dei fardelli più pesanti della vita. Immaginate di guardarvi indietro tra qualche anno e di desiderare di aver fatto scelte diverse. La buona notizia? Siete qui e avete il potere di cambiare.

Il controllo della realtà:

Pensate alla versione futura di voi stessi. Quali consigli vi darebbero sulle abitudini che dovete cambiare oggi?

Il vostro compito:

Scrivete una lettera dal vostro "io futuro" al vostro io attuale, spiegando come la vostra vita è migliorata una volta che avete iniziato a rompere le vostre cattive abitudini.

6. Trasformare la consapevolezza in azione

Ormai avete riflettuto sull'impatto che le cattive abitudini hanno sulla vostra salute, sulla vostra ricchezza e sulle vostre emozioni. Incanaliamo questa consapevolezza nella motivazione:

Scrivete una dichiarazione sul perché volete cambiare. Esempio:

"Voglio sentirmi piena di energia e sicura del mio corpo per poter giocare con i miei nipoti senza stancarmi".

"Voglio costruire una ricchezza che mi permetta di andare in pensione comodamente e di mantenere la mia famiglia".

Pensieri finali

Rimanere invariati ha un prezzo, che diventa tanto più alto quanto più si aspetta. Ma c'è una buona notizia: ogni passo che fate oggi, per quanto piccolo, riduce questo costo e vi avvicina alla vita che desiderate.

Nel prossimo capitolo analizzeremo come invertire specifiche cattive abitudini, a partire dalla salute fisica. Per ora, rimanete concentrati sulla posta in gioco e usatela come carburante per il cambiamento. State facendo un lavoro straordinario: continuate così!

Capitolo 4:
Ricablare le abitudini alimentari

L'alimentazione è una delle influenze più potenti sulla salute fisica, sull'energia e sul benessere generale. Tuttavia, le abitudini alimentari sono anche tra le più difficili da cambiare. Perché? Perché il cibo è legato alle nostre emozioni, alle routine e persino alla nostra vita sociale. In questo capitolo analizzeremo come ricablare le vostre abitudini alimentari per allinearle ai vostri obiettivi di salute, senza sentirvi privati o sopraffatti.

1. Perché lottiamo contro le abitudini alimentari

Le abitudini alimentari sono spesso influenzate da:

Emozioni: Lo stress, la noia o la tristezza possono indurre a mangiare emotivamente.

Convenienza: I fast food e gli snack elaborati sono facili ma spesso poco salutari.

Ambiente: Le opzioni non salutari possono essere più accessibili di quelle nutrienti.

Comportamento appreso: Molti schemi alimentari derivano dall'infanzia, come ad esempio finire tutto quello che c'è nel piatto o usare il cibo come ricompensa.

La chiave per ricablare le abitudini alimentari è riconoscere questi schemi e imparare a interromperli.

2. Iniziare con la consapevolezza

L'esercizio del diario alimentare:

Prima di cambiare le proprie abitudini alimentari, è necessario comprenderle. Per una settimana tenete un diario alimentare. Scrivete:

- Cosa si mangia (tutto, anche gli spuntini).
- Quando si mangia (ora del giorno).
- Perché si mangia (fame, stress, noia, festeggiamenti, ecc.).
- Come vi sentite dopo (soddisfatti, in colpa, pieni di energia, ecc.).

Perché funziona:

Questo esercizio rivela gli schemi, come mangiare per abitudine piuttosto che per fame o scegliere opzioni non salutari quando si è stressati. La consapevolezza è il primo passo verso il cambiamento.

3. Interrompere il ciclo dell'alimentazione emotiva

L'alimentazione emotiva spesso inizia con un fattore scatenante: stress, noia o tristezza. Il segreto è sostituire il comportamento con qualcosa di più sano.

Passi per interrompere l'alimentazione emotiva:

Identificare il fattore scatenante: Fate una pausa e chiedetevi: "Ho veramente fame o è una questione emotiva?".

Interrompere il ciclo: Scegliete un'attività alternativa, come camminare, scrivere un diario o chiamare un amico.

Praticare l'alimentazione consapevole: Quando mangiate, concentratevi sui sapori, sulla consistenza e sul piacere del cibo. In questo modo si riduce la sovralimentazione e si crea soddisfazione con porzioni più piccole.

4. Pianificare i pasti con intenzione

Un'alimentazione sana inizia con la pianificazione. Quando si hanno a disposizione opzioni nutrienti, è più facile fare scelte migliori.

Passi per una pianificazione di successo:

Preparare i pasti: mettete da parte del tempo ogni settimana per preparare pasti o spuntini sani.

Rifornite la vostra cucina: Tenete a portata di mano alimenti nutrienti come frutta, verdura, cereali integrali e proteine magre.

Pre-porzionare gli spuntini: Invece di mangiare direttamente dalla busta, dividete gli snack in porzioni singole per evitare di mangiare troppo.

Programmare i pasti: Mangiate a orari costanti per ridurre il consumo di cibo senza pensieri.

Il vostro compito:

Pianificate un giorno di pasti e spuntini. Scrivetelo e impegnatevi a seguirlo.

5. Controllare l'ambiente

L'ambiente circostante gioca un ruolo fondamentale nelle abitudini alimentari. Se il cibo spazzatura è a portata di mano, è più difficile resistere.

Passi per creare un ambiente alimentare sano:

Lontano dagli occhi, lontano dalla mente: Tenete gli snack non salutari lontano dagli occhi o dalla casa.

Spunti visivi: Esponete sul bancone opzioni salutari come frutta o noci.

Piatti più piccoli: Utilizzate piatti più piccoli per controllare le porzioni ed evitare di mangiare troppo.

Pasti senza distrazioni: Evitate di mangiare davanti agli schermi per rimanere consapevoli.

Il vostro compito:

Oggi stesso apportate una modifica al vostro ambiente che favorisca un'alimentazione più sana.

6. Costruire abitudini migliori, un passo alla volta

Cambiare le abitudini alimentari non significa rivedere l'intera dieta da un giorno all'altro. Concentratevi su piccoli passi gestibili.

Esempi di piccole vittorie:

- Sostituite la soda con acqua o tè.
- Aggiungete una porzione di verdure alla vostra cena.
- Scegliete i cereali integrali invece dei carboidrati raffinati.
- Preparate il pranzo al sacco invece di mangiare fuori.

Il vostro compito:

Scegliete una piccola modifica alle vostre abitudini alimentari. Mettetelo in pratica con costanza per una settimana prima di aggiungere un altro cambiamento.

7. Ridefinire i "trattamenti" e le ricompense

Il cibo viene spesso usato come ricompensa, ma questo può rafforzare le abitudini malsane. Trovate invece modi diversi dal cibo per festeggiare o confortarvi.

Esempi di premi non alimentari:

- Un bagno rilassante.
- Comprare un nuovo libro o un nuovo vestito.
- Dedicare del tempo a un hobby.

Il vostro compito:

Scrivete tre ricompense non alimentari che userete per celebrare i vostri progressi.

8. Equilibrio, non perfezione

Mangiare sano non significa essere perfetti, ma essere equilibrati. Non c'è nulla di male a gustare i propri cibi preferiti di tanto in tanto. La chiave è la moderazione.

Suggerimenti per l'equilibrio:

Seguite la regola dell'80/20: Mangiate cibi nutrienti per l'80% del tempo e concedetevi dei piaceri per il restante 20%.

Praticare il controllo delle porzioni: È possibile gustare il dessert senza esagerare.

Perdonarsi: Uno sgarro non rovina i vostri progressi. Tornate in pista con il prossimo pasto.

9. I benefici a lungo termine

Quando si riorganizzano le proprie abitudini alimentari, si notano cambiamenti che vanno ben oltre il numero sulla bilancia:

Aumento dell'energia e della concentrazione.

Miglioramento dell'umore e della stabilità emotiva.

Miglioramento della digestione e della salute generale.

Immaginate di sentirvi più forti, più sicuri e di avere il controllo del vostro rapporto con il cibo. Questa è la ricompensa per aver apportato questi cambiamenti.

Pensieri finali

Il ripristino delle abitudini alimentari è un viaggio, non uno sprint. Iniziate con poco, siate costanti e festeggiate ogni vittoria lungo il percorso. Ricordate che non state solo cambiando ciò che mangiate, ma state trasformando la vostra salute e la vostra vita.

Nel prossimo capitolo affronteremo un'altra area chiave: come costruire la ricchezza interrompendo le cattive abitudini monetarie. Per il momento, concentratevi sulle scelte alimentari ponderate e intenzionali. Ce l'avete fatta!

Capitolo 5:
Il movimento come stile di vita

Bentornati! Abbiamo parlato di abitudini alimentari e ora è il momento di spostare l'attenzione su un'altra pietra miliare del benessere: il movimento. Fare esercizio non significa solo andare in palestra, ma integrare l'attività fisica nella vita quotidiana in modo naturale e sostenibile.

Questo capitolo vi guiderà attraverso i passi da compiere per riformulare il modo in cui pensate al movimento, trovare attività che vi piacciono e sviluppare uno stile di vita che supporti una versione più sana ed energica di voi stessi.

1. Perché il movimento è importante

L'attività fisica ha un impatto sulla vita in innumerevoli modi, ben oltre la combustione di calorie o la costruzione di muscoli. Prendiamoci un momento per capire perché il movimento è essenziale:

Aumenta l'energia: L'attività fisica regolare aumenta il flusso sanguigno e l'ossigeno alle cellule, mantenendo l'attenzione e la concentrazione.

Favorisce la salute mentale: L'esercizio fisico rilascia endorfine, le sostanze chimiche del benessere che riducono lo stress, l'ansia e la depressione.

Migliora la salute fisica: Il movimento rafforza il cuore, le ossa e i muscoli e riduce il rischio di malattie croniche.

Aumenta la longevità: Le persone attive hanno maggiori probabilità di vivere più a lungo e in modo più sano.

2. Cambiare la mentalità sul movimento

Dall'"esercizio" al "movimento".

Molte persone considerano l'esercizio fisico come un lavoro di routine o una punizione per aver mangiato troppo. Cambiamo questa mentalità. Il movimento non è un'attività da cancellare, ma un modo per celebrare ciò che il vostro corpo può fare e per investire nella vostra salute.

L'obiettivo: trovare la gioia di muoversi

La chiave per fare del movimento uno stile di vita è trovare attività che vi piacciano veramente. L'esercizio fisico non deve essere necessariamente un allenamento in palestra; può essere ballare, fare giardinaggio, camminare o praticare uno sport.

Il vostro compito:

Prendetevi cinque minuti per riflettere:

   Quali tipi di movimento le piacciono attualmente?

   Quali nuove attività siete curiosi di provare?

3. Iniziare in piccolo, costruire con costanza

Non è necessario correre una maratona o passare ore ad allenarsi per vedere dei risultati. L'obiettivo è la costanza piuttosto che l'intensità.

Idee per piccoli successi:

    Fate una passeggiata di 10 minuti dopo i pasti.

    Fare stretching per 5 minuti al mattino o alla sera.

    Usate le scale invece dell'ascensore.

    Parcheggiate più lontano per aggiungere altri passi alla vostra giornata.

Il vostro compito:

Impegnatevi a raggiungere un piccolo obiettivo di movimento per la settimana. Esempi:

    "Camminerò per 15 minuti ogni giorno dopo cena".

    "Ogni mattina faccio 10 squat prima di lavarmi i denti".

4. Incorporare il movimento nella propria routine

Per fare del movimento uno stile di vita, è necessario che si inserisca perfettamente nel vostro programma quotidiano.

Suggerimenti per integrare il movimento:

    Pendolari attivi: Se possibile, andate al lavoro a piedi o in bicicletta. Se si guida, parcheggiare più lontano dall'ingresso.

    Pause di lavoro: Alzatevi e fate stretching ogni 30 minuti. Considerare una scrivania in piedi o riunioni a piedi.

Attività sociali: Sostituite le uscite sedentarie (come guardare la TV) con quelle attive, come fare escursioni o praticare sport.

Tempo in famiglia: trasformate il tempo in famiglia in tempo attivo: corse in bicicletta, visite al parco o balli in salotto.

Il vostro compito:

Individuate un'area della vostra routine in cui potete aggiungere movimento. Scrivetelo e impegnatevi a provarlo per i prossimi tre giorni.

5. Concentrarsi sul movimento funzionale

Il movimento funzionale imita le attività della vita reale e permette di sviluppare forza, flessibilità ed equilibrio per le attività quotidiane. Questo approccio è particolarmente vantaggioso per chi è alle prime armi con l'esercizio fisico o per chi vuole prevenire gli infortuni.

Esempi di movimenti funzionali:

Squat: Imitano la posizione seduta e in piedi, rafforzando le gambe e il core.

Flessioni: Costruire la forza della parte superiore del corpo per compiti come il sollevamento o il trasporto.

Affondi a piedi: Migliorano l'equilibrio e la forza delle gambe.

Piani: Rafforzare il core per migliorare la postura e la stabilità.

Il vostro compito:

Scegliete un movimento funzionale e praticatelo per 1-2 minuti al giorno questa settimana.

6. Superare le barriere al movimento

Ognuno di noi incontra ostacoli nel mantenersi attivo. Affrontiamone alcuni comuni:

Ostacoli e soluzioni comuni:

"Non ho tempo".

Soluzione: Suddividere l'attività in brevi intervalli. Anche 5 minuti di attività si accumulano nel corso della giornata.

"Non mi piace l'esercizio fisico".

Soluzione: Provate diverse attività finché non trovate qualcosa che vi piace. Il movimento deve sembrare una ricompensa, non una punizione.

"Sono troppo stanco".

Soluzione: Iniziare con poco. Il movimento spesso aumenta i livelli di energia invece di esaurirli.

Il vostro compito:

Scrivete l'ostacolo più grande che vi impedisce di rimanere attivi. Poi cercate una soluzione pratica da attuare questa settimana.

7. Renderlo sociale

L'esercizio fisico non deve essere necessariamente un'attività solitaria. Anzi, il movimento sociale può essere più piacevole e motivante.

Idee per il movimento sociale:

    Unitevi a una squadra sportiva locale o a un corso di fitness.

    Passeggiate con un amico o un familiare.

    Sfidate gli amici in gare di conteggio dei passi utilizzando un fitness tracker.

    Volontari per cause attive, come le pulizie della comunità o le corse di beneficenza.

Il vostro compito:

Cercate una persona che possa essere il vostro compagno di movimento. Programmate un momento per fare qualcosa di attivo insieme.

8. Tracciare i progressi e festeggiare i successi

Tracciare i propri movimenti può aiutare a rimanere motivati e a vedere i progressi fatti.

Metodi di tracciamento:

    Utilizzate un fitness tracker o un'applicazione per smartphone.

    Tenete un diario per registrare le vostre attività quotidiane.

    Stabilite piccoli traguardi e premiatevi quando li raggiungete.

Il vostro compito:

Scegliete un metodo di tracciamento e registrate i vostri movimenti per la settimana successiva. Scegliete una piccola ricompensa per aver raggiunto il primo traguardo.

9. I benefici a lungo termine del movimento

Quando il movimento diventa uno stile di vita, i benefici vanno ben oltre la salute fisica. Ecco cosa otterrete:

Aumento della fiducia in se stessi: Sentirsi più forti e capaci aumenta l'autostima.

Miglioramento dell'umore: il movimento regolare riduce lo stress e migliora la chiarezza mentale.

Legami più profondi: Gli hobby attivi possono rafforzare le relazioni con amici e familiari.

Longevità: Rimanere attivi aiuta a vivere più a lungo e a mantenere l'indipendenza durante l'invecchiamento.

Pensieri finali

Il movimento è un dono che fate al vostro corpo, alla vostra mente e al vostro spirito. Integrandolo nella vostra vita quotidiana, acquisirete forza, resistenza e un senso di realizzazione che si ripercuoterà in ogni ambito della vostra vita.

Nel prossimo capitolo esploreremo l'aspetto finanziario della rottura delle cattive abitudini e come iniziare a costruire ricchezza attraverso una gestione intenzionale del denaro. Per ora, allacciate le scarpe, muovetevi e godetevi il viaggio. State facendo un lavoro incredibile!

Capitolo 6:
La mente sopra il piatto

Benvenuti al capitolo 6! Nei capitoli precedenti abbiamo affrontato l'importanza delle abitudini alimentari e del movimento. Ora è il momento di concentrarsi sul ruolo che la vostra mentalità svolge nel vostro rapporto con il cibo. Il modo in cui pensate al cibo - le vostre convinzioni, emozioni e abitudini - può sostenere o sabotare i vostri obiettivi. Questo capitolo vi guiderà nello sviluppo di un approccio consapevole e intenzionale all'alimentazione, in modo che possiate liberarvi da schemi malsani e godere veramente del nutrimento del vostro corpo.

1. Il legame tra mentalità e alimentazione

Il cibo è più di un semplice carburante: è legato alla cultura, al comfort e persino all'immagine di sé. Purtroppo, questo legame emotivo può talvolta portare a un'eccessiva indulgenza, a sensi di colpa o a restrizioni.

Per trasformare le vostre abitudini alimentari, dovete cambiare la vostra mentalità. L'alimentazione consapevole è la chiave per fare scelte consapevoli a vantaggio della salute e della felicità.

2. Capire il mangiare senza pensieri

Il Mindless eating si verifica quando mangiamo senza prestare attenzione, portando spesso a mangiare troppo o a fare scelte non salutari. I fattori scatenanti più comuni sono:

    Mangiare emotivo: L'uso del cibo per far fronte allo stress, alla tristezza o alla noia.

    Spunti esterni: Mangiare perché il cibo è disponibile, non perché si ha fame (si pensi ai buffet o agli spuntini in ufficio).

Distrazioni: Mangiare mentre si guarda la TV, si scorre il telefono o si lavora.

Il vostro compito:

Riflettete sugli ultimi tre pasti o spuntini che avete fatto. Avevate veramente fame o stavate mangiando per abitudine, emozione o distrazione? Scrivete le vostre osservazioni.

3. Praticare un'alimentazione consapevole

Mangiare in modo consapevole significa rallentare ed essere pienamente presenti con il cibo. Aiuta ad ascoltare i segnali di fame e sazietà del corpo, rendendo più facile evitare di mangiare troppo.

Passi per praticare l'alimentazione consapevole:

 Pausa prima di mangiare: Prendetevi un momento per fare il punto con voi stessi. Avete fame o state mangiando per abitudine o per emozione?

 Coinvolgere i sensi: Notate i colori, gli odori e la consistenza del cibo prima di morderlo.

 Mangiate lentamente: Appoggiate la forchetta tra un boccone e l'altro e masticate bene.

 Ascoltate il vostro corpo: smettete di mangiare quando siete soddisfatti, non sazi.

Il vostro compito:

Per il prossimo pasto, praticate l'alimentazione consapevole. Eliminate le distrazioni, mangiate lentamente e annotate la sensazione che provate.

4. Riscrivere le convinzioni alimentari

Molti di noi hanno interiorizzato convinzioni sul cibo che non sono utili. Esempi comuni sono:

"Devo finire tutto quello che ho nel piatto".

"Il cibo sano è noioso o insipido".

"Oggi ho già fatto un casino, quindi tanto vale mangiare quello che voglio".

Come riformulare queste convinzioni:

Vecchia convinzione: "Devo finire tutto quello che ho nel piatto".

Nuova convinzione: "Va bene conservare gli avanzi o fermarsi quando sono pieno".

Vecchia convinzione: "Il cibo sano è noioso o insipido".

Nuova convinzione: "Il cibo sano può essere delizioso con la giusta preparazione".

Il vostro compito:

Scrivete una convinzione negativa che avete sul cibo. Poi, create una convinzione positiva sostitutiva e ripetetela a voi stessi ogni giorno.

5. Gestire l'alimentazione emotiva

L'alimentazione emotiva è una delle sfide più comuni che le persone devono affrontare. È essenziale affrontare le emozioni che stanno alla base dei vostri modelli alimentari, invece di usare il cibo come meccanismo di coping.

Passi per gestire l'alimentazione emotiva:

   Identificare i fattori scatenanti: Notate quando cercate il cibo per stress, noia o tristezza.

   Trovare alternative: Sostituite il cibo con un meccanismo di coping sano, come scrivere un diario, meditare o fare una passeggiata.

   Pianificare in anticipo: Tenete a disposizione spuntini più sani per evitare decisioni impulsive.

Il vostro compito:

La prossima volta che sentite l'impulso di mangiare emotivamente, fermatevi e provate una strategia di coping non alimentare. Riflettete su come vi ha fatto sentire.

6. Creare un ambiente alimentare positivo

L'ambiente circostante influenza quanto e cosa si mangia. Apportando piccole modifiche all'ambiente circostante, è possibile favorire in modo naturale abitudini alimentari più sane.

Suggerimenti per un ambiente positivo:

   Le dimensioni dei piatti sono importanti: Usate piatti più piccoli per controllare le porzioni.

Lontano dagli occhi, lontano dalla mente: Tenete gli snack non salutari fuori dalla vista e collocate le opzioni salutari (come la frutta) dove sono facilmente accessibili.

Creare un ambiente piacevole per mangiare: sedersi a tavola, usare utensili adeguati ed evitare distrazioni.

Il vostro compito:

Oggi apportate un piccolo cambiamento al vostro ambiente alimentare. Per esempio, riorganizzate la vostra dispensa per dare maggiore risalto alle opzioni salutari.

7. Abbracciare la regola dell'80/20

La regola dell'80/20 significa concentrarsi su scelte salutari per l'80% del tempo e concedersi una certa flessibilità per i piaceri. Questo approccio riduce la pressione di essere "perfetti" e rende l'alimentazione sana più sostenibile.

Come applicare la regola dell'80/20:

Pianificate le vostre indulgenze: Decidete quando e come concedervi uno sfizio.

Assaporare il cibo: Quando ci si concede una pausa, mangiare lentamente e gustare ogni boccone senza sensi di colpa.

Tornate in pista: Riprendete le vostre abitudini alimentari sane con il prossimo pasto.

Il vostro compito:

Scegliete un'indulgenza da concedervi questa settimana. Pianificate quando e come mangiarla e allenatevi a gustarla con attenzione.

8. Coltivare la gratitudine per il cibo

La gratitudine può trasformare il vostro rapporto con il cibo. Apprezzando i vostri pasti, vi sentirete più soddisfatti e legati all'atto del mangiare.

Modi per praticare la gratitudine:

   Pausa prima di mangiare: Prendetevi un momento per riflettere sulla provenienza del cibo e sull'impegno profuso per prepararlo.

   Ringraziare: In silenzio o a voce alta, esprimete la vostra gratitudine per il nutrimento che il pasto vi fornisce.

   Godetevi il processo: Assaporate l'esperienza di cucinare e mangiare, non solo il risultato.

Il vostro compito:

Prima del prossimo pasto, fermatevi e scrivete tre cose per cui siete grati del vostro cibo.

9. I benefici a lungo termine di un approccio mindful

Quando cambiate la vostra mentalità in materia di alimentazione, noterete dei cambiamenti profondi:

Maggiore controllo: Mangiate quando avete fame e smettete quando siete soddisfatti.

Meno stress: I sensi di colpa e l'ansia per il cibo si attenuano.

Migliore salute: Nel tempo, l'alimentazione consapevole favorisce una dieta equilibrata e un peso più sano.

Godimento più profondo: Il cibo diventa una fonte di piacere, non di frustrazione.

Pensieri finali

Mangiare in modo consapevole non significa essere perfetti, ma creare un rapporto riflessivo e intenzionale con il cibo che vi permetta di fare scelte più sane. Praticando la consapevolezza, gestendo le emozioni e abbracciando l'equilibrio, è possibile ricablare la propria mentalità e costruire una base di benessere per tutta la vita.

Nel prossimo capitolo affronteremo l'aspetto finanziario della rottura delle cattive abitudini ed esploreremo come costruire la ricchezza trasformando la vostra mentalità monetaria. Per ora, continuate a praticare il "mind over plate" e festeggiate ogni piccolo passo che fate. Ce l'avete fatta!

Capitolo 7: Interrompere il ciclo della spesa eccessiva

Benvenuti al Capitolo 7, dove ci concentriamo sulle abitudini finanziarie. La spesa eccessiva è una delle insidie finanziarie più comuni. Spesso deriva da questioni più profonde, come lo stress, le cause emotive o persino la mancanza di consapevolezza della destinazione del denaro.

In questo capitolo vi aiuterò a identificare le cause delle spese eccessive, a sviluppare strategie per ridurle e a creare un piano per allineare le spese ai vostri valori e obiettivi finanziari. Ricordate che la salute finanziaria è fondamentale quanto la salute fisica ed emotiva quando si tratta di benessere generale.

1. Capire perché si spende troppo

Per spezzare il circolo vizioso della spesa eccessiva, dobbiamo innanzitutto individuarne le cause profonde. Chiedetevi:

I motivi più comuni per cui si spende troppo:

Fattori emotivi scatenanti: Shopping per far fronte a stress, tristezza, noia o bassa autostima.

Pressioni sociali: Spesa per stare al passo con gli amici, le tendenze o le aspettative della società.

Cultura della convenienza: Affidarsi ad acquisti d'impulso o a servizi di consegna senza considerare i costi.

Mancanza di consapevolezza: Non tenere traccia delle proprie spese o rendersi conto di come i piccoli acquisti si accumulino nel tempo.

Il vostro compito:

Prendetevi 10 minuti per riflettere sulle vostre abitudini di spesa. Scrivete gli ultimi tre acquisti non essenziali che avete fatto. Cosa ha motivato questi acquisti?

2. Riconoscere i modelli di spesa eccessiva

Gli schemi spesso guidano il comportamento, e le spese eccessive non sono da meno. Individuare quando e dove è più probabile spendere troppo può aiutarvi a interrompere il ciclo.

Modelli comuni:

Ora del giorno: Spendete troppo a tarda notte mentre navigate nei negozi online?

Luoghi: Ci sono negozi, siti web o app particolari in cui spendete sempre troppo?

Stati emotivi: Fate acquisti quando vi sentite giù, stressati o in festa?

Il vostro compito:

Per una settimana, tenete traccia di ogni acquisto effettuato. Utilizzate un taccuino o un'applicazione per annotare ciò che avete comprato, dove l'avete comprato e come vi sentivate in quel momento. Cercate degli schemi.

3. Cambiare la mentalità sul denaro

Proprio come per il cibo o l'esercizio fisico, il vostro rapporto con il denaro è plasmato dalle vostre convinzioni e dai vostri atteggiamenti. È ora di riformulare queste convinzioni per sostenere abitudini finanziarie più sane.

Riformulare i comuni miti sul denaro:

Mito: "Mi merito di curarmi perché lavoro sodo".

La verità: meritate stabilità finanziaria e tranquillità più che una gratificazione effimera.

Mito: "Inizierò a risparmiare quando guadagnerò di più".

La verità: risparmiare è un'abitudine, non un numero. Anche le piccole somme sono importanti.

Il vostro compito:

Scrivete una convinzione limitante sul denaro che avete. Sostituitela con un'affermazione positiva e potenziante. Per esempio:

Credenze limitanti: "Non sarò mai bravo con i soldi".

Credenza potenziante: "Sto imparando a gestire il mio denaro e a migliorare ogni giorno".

4. Implementazione dei limiti di spesa

Per controllare le spese eccessive, è necessario stabilire dei limiti chiari per le spese. Queste linee guida agiscono come dei guardrail, mantenendo la rotta senza sentirsi eccessivamente restrittivi.

Strategie per porre dei limiti:

La regola delle 24 ore: Aspettate 24 ore prima di fare acquisti non essenziali.

Metodo di solo contante: Prelevare ogni settimana una determinata somma di denaro per spese discrezionali.

Stabilite dei limiti mensili: Assegnate importi specifici per categorie come cene fuori casa, intrattenimento o abbigliamento.

Il vostro compito:

Scegliete un limite di spesa da attuare questa settimana. Scrivetelo e rispettatelo. Per esempio: "Userò la regola delle 24 ore per tutti gli acquisti superiori a 50 dollari".

5. Sostituire gli acquisti d'impulso con vincite finanziarie

Le spese impulsive sono spesso un'abitudine, ma le abitudini possono essere sostituite. Ogni volta che resistete a un acquisto non essenziale, reindirizzate quel denaro verso un obiettivo finanziario.

Esempi di reindirizzamento:

Trasferite l'importo non speso sul vostro conto di risparmio.

Utilizzateli per pagare il debito.

Investite in qualcosa di significativo, come un'abilità o un'esperienza che sia in linea con i vostri valori.

Il vostro compito:

La prossima volta che siete tentati di comprare qualcosa d'impulso, fermatevi. Prendete quei soldi e spostateli su un conto di risparmio o usateli per pagare un debito. Tenete traccia di quanto state "risparmiando" nel tempo.

6. Allineare le spese ai propri valori

Le spese eccessive si verificano spesso quando gli acquisti non sono in linea con ciò che conta davvero per voi. Quando individuate i vostri valori fondamentali, potete dare la priorità alle spese che vi danno un reale appagamento.

Fasi di allineamento della spesa:

Identificate i vostri valori: Cosa è più importante per voi: famiglia, salute, istruzione, esperienze?

Valutare gli acquisti: Chiedetevi: "Questo acquisto è in linea con i miei valori?".

Pianificare in anticipo: Creare un budget che rifletta le vostre priorità.

Il vostro compito:

Scrivete i vostri tre valori principali. Per ogni valore, elencate un modo in cui potete modificare le vostre spese per rispecchiarlo.

7. Strumenti per monitorare e gestire il denaro

Tenere traccia delle proprie finanze è fondamentale per spezzare il circolo vizioso delle spese eccessive. Fortunatamente, esistono numerosi strumenti e tecniche per aiutarvi a rendere conto del vostro operato.

Strumenti consigliati:

Applicazioni di budgeting: Applicazioni come Mint, YNAB (You Need A Budget) o EveryDollar possono aiutarvi a monitorare le spese in tempo reale.

Fogli di calcolo: Se preferite un approccio manuale, create un semplice foglio di calcolo per classificare e totalizzare le spese.

Sistema delle buste: Assegnate i contanti a categorie specifiche e spendete solo quello che c'è in ogni busta.

Il vostro compito:

Scegliete uno strumento per tenere traccia delle vostre spese questo mese. Iniziate inserendo le spese dell'ultima settimana.

8. Superare le battute d'arresto

Per rompere le abitudini finanziarie ci vuole tempo e le battute d'arresto fanno parte del processo. Il segreto è imparare da questi e continuare ad andare avanti.

Suggerimenti per gestire le battute d'arresto:

Evitare la vergogna: Riconoscere che gli errori sono normali.

Analizzare il fattore scatenante: Cosa ha portato alla spesa eccessiva? Come si può affrontare la prossima volta?

Concentrarsi sugli obiettivi: Ricordatevi perché state lavorando per migliorare le vostre abitudini finanziarie.

Il vostro compito:

Pensate a una recente battuta d'arresto. Scrivete ciò che avete imparato e un modo in cui gestirete diversamente una situazione simile in futuro.

9. I benefici a lungo termine della disciplina finanziaria

Interrompere il ciclo delle spese eccessive non significa solo risparmiare, ma anche creare libertà e sicurezza nella propria vita.

Vantaggi che sperimenterete:

Riduzione dello stress: Non dovrete più preoccuparvi di debiti o bollette.

Aumento dei risparmi: Fondi per emergenze, obiettivi e opportunità.

Allineamento con i valori: Spendere per ciò che conta davvero porta maggiore soddisfazione.

Costruire la ricchezza: La disciplina finanziaria è la base per accrescere il proprio patrimonio nel tempo.

Pensieri finali

Spezzare il ciclo delle spese eccessive è un viaggio, ma ogni piccolo passo che fate vi avvicina alla libertà finanziaria. Comprendendo le vostre abitudini, ponendo dei limiti e allineando le spese ai vostri valori, riuscirete a costruire un rapporto più sano con il denaro, a sostegno dei vostri obiettivi a lungo termine.

Nel prossimo capitolo analizzeremo come rafforzare l'intelligenza emotiva, aiutandovi a costruire connessioni più profonde e a gestire le vostre emozioni con maggiore abilità. Per ora, concentratevi sui vostri successi finanziari e festeggiate i vostri progressi: state costruendo un futuro più luminoso!

Capitolo 8:
Costruire la disciplina finanziaria

Benvenuti al Capitolo 8! Dopo aver affrontato il tema della spesa eccessiva, è giunto il momento di concentrarsi sulla disciplina finanziaria. La disciplina è la spina dorsale del successo finanziario: vi permette di gestire il vostro denaro in modo intenzionale, di evitare debiti inutili e di lavorare per raggiungere i vostri obiettivi finanziari con coerenza e fiducia.

In questo capitolo vi guiderò attraverso i passi pratici per costruire la disciplina finanziaria, aiutandovi a rimanere fedeli al vostro piano anche quando sorgono le tentazioni. Con gli strumenti, la mentalità e le strategie giuste, imparerete a controllare le vostre finanze invece di lasciare che siano loro a controllare voi.

1. Comprendere la disciplina finanziaria

La disciplina finanziaria non è una questione di privazioni, ma di dare priorità alle vostre esigenze e ai vostri obiettivi a lungo termine rispetto ai desideri impulsivi. Significa prendere decisioni ponderate su come guadagnare, spendere, risparmiare e investire.

I benefici della disciplina finanziaria:

   Tranquillità: vi sentirete in controllo delle vostre finanze.

   Raggiungere gli obiettivi: L'impegno costante vi avvicinerà ai traguardi finanziari.

   Costruire la ricchezza: La disciplina permette al denaro di crescere attraverso il risparmio e l'investimento.

Il vostro compito:

Prendetevi un momento per definire cosa significa per voi disciplina finanziaria. Scrivete un beneficio a lungo termine che sperate di ottenere sviluppando questa abilità.

2. Definire obiettivi finanziari chiari

La disciplina diventa più facile quando si sa a cosa si sta lavorando. Obiettivi chiari e specifici forniscono motivazione e direzione.

Fasi di definizione degli obiettivi finanziari:

Identificate le vostre priorità: Che cosa conta di più: pagare i debiti, risparmiare per una casa o creare un fondo di emergenza?

Siate specifici: Obiettivi vaghi portano a risultati vaghi. Invece di "risparmiare di più", puntate a "risparmiare 5.000 dollari in 12 mesi".

Stabilite un calendario: Le scadenze creano urgenza e aiutano a monitorare i progressi.

Suddividere i grandi obiettivi in tappe più piccole e gestibili.

Il vostro compito:

Scrivete un obiettivo finanziario a breve termine (3-6 mesi) e uno a lungo termine (1+ anno). Siate il più specifici possibile.

3. Creare un budget realistico

Un budget è la vostra tabella di marcia verso la disciplina finanziaria. Assicura l'allocazione delle entrate in modo da allinearle ai vostri obiettivi.

Componenti chiave di un bilancio:

   Spese fisse: Affitto, utenze, assicurazioni e altri costi ricorrenti.

   Spese variabili: Generi alimentari, trasporti, intrattenimento.

   Risparmio: Puntate a risparmiare almeno il 20% del vostro reddito, se possibile.

   Rimborso del debito: Dare priorità al pagamento dei debiti ad alto tasso di interesse.

Il vostro compito:

Create un semplice bilancio per il mese successivo. Utilizzate un'applicazione, un foglio di calcolo o carta e penna. Includete tutte le entrate e le uscite e assicuratevi di destinare il denaro ai risparmi e agli obiettivi.

4. Praticare la gratificazione ritardata

La disciplina spesso richiede di resistere alla voglia di ricompense immediate. La gratificazione differita è la capacità di rinunciare ai piaceri a breve termine per ottenere vantaggi a lungo termine.

Come praticare la gratificazione ritardata:

   Visualizzare il futuro: Ricordate a voi stessi come i sacrifici di oggi portino al successo di domani.

   Stabilite un periodo di attesa: Prima di fare acquisti non essenziali, aspettate 24 ore o più per vedere se lo volete ancora.

Premiatevi in modo strategico: Festeggiate i traguardi con ricompense pianificate, non con spese impulsive.

Il vostro compito:

Individuate un'area in cui potete praticare la gratificazione ritardata questa settimana. Per esempio, evitate di andare a cena fuori e mettete i soldi a disposizione per il vostro obiettivo di risparmio.

5. Costruire un fondo di emergenza

Un fondo di emergenza è una pietra miliare della disciplina finanziaria. Impedisce che le spese impreviste facciano deragliare i vostri progressi o vi costringano a indebitarvi.

Passi per creare un fondo di emergenza:

    Stabilire un obiettivo: puntare a 3-6 mesi di spese essenziali.

    Iniziare con poco: anche 500-1.000 dollari possono fare una grande differenza.

    Automatizzare i risparmi: Impostate un trasferimento ricorrente verso un conto di risparmio dedicato.

Il vostro compito:

Se non avete già un fondo per le emergenze, aprite un conto separato per questo scopo. Decidete quanto potete contribuire ogni mese e impostate un trasferimento automatico.

6. Controllare le spese impulsive

Gli acquisti d'impulso sono una delle maggiori minacce alla disciplina finanziaria. Imparare a controllare questi impulsi vi aiuterà a rimanere in carreggiata.

Consigli per limitare le spese impulsive:

    Usare solo contanti: Quando fate acquisti, portate con voi solo i contanti che intendete spendere.

    Disiscriversi: Rimuovetevi dalle liste di e-mail o dalle app che promuovono vendite e sconti.

    Chiedetevi: "Ne ho bisogno o lo voglio soltanto?".

Il vostro compito:

La prossima volta che sentite l'impulso di fare un acquisto d'impulso, fermatevi e scrivete l'articolo e il motivo per cui lo volete. Aspettate almeno 24 ore prima di decidere.

7. Automatizzare il piano finanziario

L'automazione elimina le congetture sulla disciplina finanziaria. Automatizzando i risparmi, i pagamenti delle bollette e gli investimenti, si riduce il rischio di dimenticanze o di spese eccessive.

Suggerimenti per l'automazione:

    Risparmi: Impostate un deposito diretto o un bonifico ricorrente sul vostro conto di risparmio.

Bollette: Automatizzare i pagamenti per evitare le spese di mora.

Investimenti: Utilizzate un'app o un broker per investire un importo fisso ogni mese.

Il vostro compito:

Individuate un aspetto delle vostre finanze da automatizzare questa settimana, come i risparmi o il pagamento delle bollette.

8. Superare le difficoltà finanziarie

Anche con le migliori intenzioni, la vita accade. Il segreto è imparare dalle battute d'arresto e modificare il proprio piano senza arrendersi.

Passi per riprendersi:

Valutare il danno: Quanto ha inciso il contrattempo sulle vostre finanze?

Adattare il piano: Rivedete il vostro budget e i vostri obiettivi per tenere conto della battuta d'arresto.

Rimanere positivi: Concentratevi sui progressi, non sulla perfezione.

Il vostro compito:

Pensate a una passata battuta d'arresto finanziaria. Scrivete cosa avete imparato da quell'esperienza e come potete applicarla in futuro.

9. Rafforzare la mentalità finanziaria

La disciplina finanziaria riguarda tanto la mentalità quanto la strategia. Coltivare una mentalità disciplinata aiuta a mantenere l'impegno anche quando il viaggio sembra impegnativo.

Suggerimenti per la mentalità:

   Celebrare i progressi: Riconoscere le vittorie, anche se piccole.

   Rimanere istruiti: Imparate a conoscere la finanza personale attraverso libri, podcast o corsi.

   Praticare la gratitudine: Concentratevi su ciò che avete, non su ciò che vi manca.

Il vostro compito:

Ogni giorno di questa settimana, scrivete un successo finanziario che avete ottenuto, non importa quanto piccolo. Per esempio: "Oggi non ho comprato il caffè e ho risparmiato 5 dollari".

10. Le ricompense della disciplina finanziaria

Quando praticate con costanza la disciplina finanziaria, sperimenterete ricompense che vanno ben oltre i numeri del conto corrente.

Benefici a lungo termine:

   Libertà: Meno preoccupazioni finanziarie significano più opportunità di perseguire ciò che si ama.

   Sicurezza: Un fondo per le emergenze e i risparmi portano tranquillità.

   Crescita: Investire il proprio denaro consente di farlo fruttare nel tempo.

   Fiducia: Il raggiungimento degli obiettivi crea fiducia in se stessi e un senso di realizzazione.

Pensieri finali

La disciplina finanziaria è un viaggio, non una meta. Stabilendo obiettivi chiari, gestendo il vostro denaro in modo intenzionale e rimanendo fedeli al vostro piano, creerete le basi per un successo finanziario duraturo.

Nel prossimo capitolo analizzeremo l'intelligenza emotiva e il suo ruolo nel rompere le cattive abitudini. Per ora, concentratevi sui vostri successi finanziari e continuate ad andare avanti: il vostro futuro vi ringrazierà!

Capitolo 9: La mentalità della ricchezza

Benvenuti al Capitolo 9! In questo capitolo approfondiamo il concetto trasformativo di mentalità della ricchezza. La ricchezza non è solo una questione di soldi nel vostro conto in banca: è un modo di pensare, un insieme di convinzioni e un approccio disciplinato per creare e sostenere la prosperità. Lo sviluppo di una mentalità di ricchezza sposta l'attenzione dalla scarsità e dalla gratificazione a breve termine all'abbondanza e alla crescita a lungo termine.

In questo capitolo vi guiderò a riformulare le convinzioni limitanti, ad adottare abitudini in linea con la crescita finanziaria e ad adottare misure pratiche per coltivare una mentalità che favorisca il successo finanziario e personale.

1. Che cos'è il Wealth Mindset?

La mentalità della ricchezza è un atteggiamento e un approccio alla vita che si concentra sulle opportunità, sull'abbondanza e sulla crescita. Non si tratta di nascere ricchi o di avere ricchezze immediate, ma di pensare e comportarsi in modi che portano naturalmente al successo finanziario nel tempo.

I principi fondamentali di una mentalità di ricchezza:

L'abbondanza al posto della scarsità: Credere che ci sia abbastanza per tutti, anche per voi, elimina l'invidia e favorisce la risoluzione creativa dei problemi.

Crescita anziché pensiero fisso: Vedere le sfide come opportunità di apprendimento e crescita, non come ostacoli insormontabili.

Orientamento a lungo termine: Privilegiare gli investimenti, i risparmi e le decisioni strategiche rispetto ai piaceri fugaci.

Assumere la responsabilità: Riconoscere che il proprio futuro finanziario dipende dalle proprie azioni, non dalle circostanze esterne.

Il vostro compito:

Scrivete cosa significa per voi ricchezza oltre al denaro. È la libertà, la sicurezza, la capacità di dare generosamente o qualcos'altro?

2. Riformulare le convinzioni limitanti sul denaro

Le convinzioni limitanti sul denaro sono blocchi mentali che possono impedire di raggiungere il successo finanziario. Queste convinzioni sono spesso radicate nelle esperienze dell'infanzia o nei messaggi della società. Per adottare una mentalità di ricchezza, è necessario identificare e riformulare questi pensieri limitanti.

Credenze limitanti comuni:

"Il denaro è la radice di tutti i mali".

Riformulare: "Il denaro è uno strumento che può creare cambiamenti positivi nella mia vita e in quella degli altri".

"Non sono bravo con i soldi".

Riformulare: "Sto imparando a gestire meglio le mie finanze ogni giorno".

"La ricchezza è per le persone fortunate, non per me".

Riformulare: "La ricchezza si costruisce attraverso uno sforzo costante e scelte intelligenti, e io sono in grado di fare entrambe le cose".

Il vostro compito:

Scrivete una convinzione limitante che avete sul denaro. Poi, riformulatela in un'affermazione positiva e potenziante.

3. Coltivare abitudini per una mentalità di ricchezza

Una mentalità di ricchezza non si basa solo su ciò che si pensa, ma anche su ciò che si fa con costanza. Le abitudini sono i mattoni del successo e le piccole azioni quotidiane possono portare a una crescita finanziaria significativa nel tempo.

Abitudini per la costruzione della ricchezza:

   Gratitudine quotidiana: Iniziate o terminate la giornata scrivendo tre cose per cui siete grati. La gratitudine sposta l'attenzione dalla mancanza all'abbondanza.

   Monitoraggio delle finanze: Esaminate regolarmente le vostre entrate, le spese e i risparmi per essere sempre informati e avere il controllo della situazione.

   Investite in voi stessi: Dedicare tempo e risorse alla crescita personale e professionale, come l'apprendimento di nuove competenze o la creazione di reti.

   Imparare a conoscere il denaro: Leggete libri, ascoltate podcast o seguite corsi sulla finanza personale e sugli investimenti.

Il vostro compito:

Scegliete una nuova abitudine di costruzione della ricchezza da adottare questa settimana. Scrivete come la metterete in pratica e impegnatevi a praticarla ogni giorno.

4. Spostare l'attenzione dalla spesa all'investimento

Una mentalità patrimoniale dà priorità agli investimenti rispetto alle spese. Mentre le spese danno soddisfazione a breve termine, gli investimenti creano ricchezza e sicurezza a lungo termine. Non si tratta solo di investimenti finanziari, ma anche di investimenti in competenze, salute e relazioni.

Tipi di investimenti:

   Investimenti finanziari: Azioni, immobili, fondi comuni di investimento o avvio di un'attività.

   Autosviluppo: Formazione, certificazioni o coaching personale.

   Relazioni: Costruire legami significativi che arricchiscono la vita e aprono le porte.

Il vostro compito:

Individuate un'area della vostra vita in cui potete spostare l'attenzione dalle spese agli investimenti. Ad esempio, invece di comprare nuovi vestiti, investite in un corso online per far progredire la vostra carriera.

5. Praticare la pazienza e la gratificazione differita

La mentalità della ricchezza abbraccia la pazienza. La costruzione della ricchezza è una maratona, non uno sprint, e la gratificazione ritardata è essenziale per raggiungere grandi obiettivi finanziari.

Come praticare la gratificazione ritardata:

   Creare obiettivi visivi: Utilizzate schede di visione o applicazioni per tenere a mente i vostri obiettivi finanziari.

Festeggiare le pietre miliari: Premiate il raggiungimento di traguardi di risparmio o di investimento con piccole offerte pianificate.

Ricordate il vostro "perché": Continuate a ricordare il quadro generale: libertà, sicurezza o lasciare un'eredità.

Il vostro compito:

Scrivete un sacrificio finanziario a breve termine che siete disposti a fare per un obiettivo a lungo termine. Ad esempio: "Questo mese ridurrò i pasti fuori casa per risparmiare 300 dollari per il mio fondo di emergenza".

6. Circondarsi delle giuste influenze

L'ambiente in cui vivete svolge un ruolo importante nel plasmare la vostra mentalità. Circondatevi di persone, risorse e influenze che ispirino e sostengano la vostra crescita finanziaria.

Suggerimenti per un ambiente positivo per la ricchezza:

Partecipare alle comunità: Entrare in contatto con persone che la pensano come te in gruppi di finanza personale o di investimento.

Cercare mentori: Imparate da chi ha raggiunto il successo finanziario.

Limitare le influenze negative: Ridurre l'esposizione a persone o mezzi di comunicazione che promuovono la spesa eccessiva o il pensiero della scarsità.

Il vostro compito:

Questa settimana trovate una nuova fonte di ispirazione - un libro, un podcast o una comunità - che sia in linea con la mentalità della ricchezza.

7. Il ruolo della generosità nella mentalità della ricchezza

La ricchezza non si limita all'accumulo, ma consiste nell'utilizzare le proprie risorse per avere un impatto positivo. La generosità favorisce l'abbondanza rafforzando il concetto che c'è sempre abbastanza da dare.

Modi per praticare la generosità:

Tempo: Fate volontariato per le cause che vi stanno a cuore.

Conoscenza: Condividere suggerimenti o consigli finanziari con gli altri.

Denaro: Donare a enti di beneficenza, raccolte di fondi o persone bisognose.

Il vostro compito:

Impegnatevi a compiere un atto di generosità questa settimana. Non deve essere necessariamente finanziario: il tempo o la conoscenza sono ugualmente preziosi.

8. Misurare i progressi e celebrare i successi

Sviluppare una mentalità di ricchezza è un processo continuo ed è essenziale riconoscere i propri progressi lungo il percorso. Celebrare i piccoli successi mantiene la motivazione e rafforza le abitudini positive.

Suggerimenti per misurare i progressi:

Tenere traccia del patrimonio netto: Esaminate regolarmente le vostre attività e passività.

Stabilire delle tappe: Suddividete gli obiettivi a lungo termine in traguardi più piccoli.

Riflettere sulla crescita: Prendetevi del tempo per riconoscere i progressi fatti.

Il vostro compito:

Rivedete i vostri progressi finanziari nell'ultimo mese. Scrivete un'area in cui siete migliorati e una piccola vittoria che potete festeggiare.

9. L'impatto a lungo termine di una mentalità di ricchezza

Una mentalità di ricchezza non trasforma solo le vostre finanze, ma anche la vostra vita. Apre opportunità, riduce lo stress e permette di vivere con uno scopo e un'intenzione.

I vantaggi di una mentalità di ricchezza:

Sicurezza finanziaria: Una base stabile per affrontare le incertezze della vita.

Libertà di scelta: la possibilità di perseguire le proprie passioni senza vincoli finanziari.

Costruire l'eredità: Creare opportunità per le generazioni future.

Pensieri finali

Coltivare una mentalità di ricchezza è uno dei cambiamenti più potenti che possiate apportare alla vostra vita. Ridefinendo le vostre convinzioni, adottando abitudini che favoriscono la ricchezza e concentrandovi sulla crescita a lungo termine, non solo raggiungerete il successo finanziario, ma creerete anche una vita di abbondanza e di obiettivi.

Nel prossimo capitolo esploreremo l'intelligenza emotiva: in che modo la padronanza delle emozioni può aiutarvi a rompere le cattive abitudini, a costruire relazioni migliori e a ottenere un maggiore successo in ogni ambito della vita. Continuate a lavorare bene: siete sulla strada per un futuro più ricco e soddisfacente!

Capitolo 10: Comprendere l'intelligenza emotiva (EQ)

Benvenuti al Capitolo 10, dove ci concentriamo sull'intelligenza emotiva (EQ), un'abilità essenziale per la crescita personale e il successo. L'EQ è spesso descritta come la capacità di riconoscere, comprendere e gestire le proprie emozioni e di comprendere e influenzare quelle degli altri. Mentre il QI misura l'intelligenza cognitiva, l'IQ determina la capacità di gestire le relazioni, lo stress e le decisioni, fattori chiave per invertire le cattive abitudini e costruire una vita più intenzionale.

In questo capitolo vi aiuterò a comprendere le componenti dell'EQ, a valutare la vostra attuale intelligenza emotiva e a individuare i modi più efficaci per migliorarla.

1. Che cos'è l'intelligenza emotiva (EQ)?

L'intelligenza emotiva è alla base di una comunicazione efficace, del processo decisionale e della resilienza. Le persone con un'elevata QE tendono a gestire meglio la propria vita, sia nelle relazioni che nel lavoro o nelle abitudini personali.

Le cinque componenti fondamentali dell'EQ:

    Consapevolezza di sé: Riconoscere le proprie emozioni e capire come influenzano i propri pensieri e comportamenti.

    Autoregolazione: Controllare i sentimenti e i comportamenti impulsivi, mantenere la calma e adattarsi ai cambiamenti delle circostanze.

    Motivazione: Rimanere motivati a raggiungere gli obiettivi nonostante le battute d'arresto.

Empatia: Comprendere e condividere i sentimenti degli altri, favorendo la connessione e la compassione.

Abilità sociali: Costruire relazioni sane, risolvere i conflitti e influenzare gli altri in modo efficace.

Il vostro compito:

Riflettete su una recente reazione emotiva che avete avuto. Scrivete la situazione, i vostri sentimenti e come hanno influenzato il vostro comportamento. Identificate quale componente dell'EQ era in gioco.

2. Perché l'IE è importante per invertire le cattive abitudini

Il vostro stato emotivo spesso guida le vostre abitudini, che si tratti di mangiare per lo stress, procrastinare o evitare conversazioni difficili. Migliorando il QE, si acquisiscono gli strumenti per riconoscere i fattori emotivi scatenanti e rispondere in modo ponderato anziché reattivo.

Esempi di EQ in azione:

Consapevolezza di sé: Riconoscere che la noia vi porta a fare uno spuntino senza pensieri.

Autoregolazione: Resistere all'impulso di fare un acquisto emotivo dopo una giornata stressante.

Empatia: Comprensione dei sentimenti del partner, che porta a una comunicazione più sana anziché al conflitto.

Il vostro compito:

Identificate un'abitudine che volete interrompere. Chiedetevi: "Quali emozioni guidano di solito questo comportamento?". Scrivete i vostri pensieri.

3. Valutare la propria intelligenza emotiva

Per migliorare il vostro QE, dovete innanzitutto capire a che punto siete attualmente. La valutazione dei vostri punti di forza e di debolezza in ogni componente vi fornirà una tabella di marcia per la crescita.

Domande di autovalutazione:

Consapevolezza di sé: Quanto comprendo le mie emozioni? Riesco a dare loro un nome preciso?

Autoregolazione: Quanto spesso agisco in modo impulsivo? Riesco a mantenere la calma sotto pressione?

Motivazione: Stabilisco e raggiungo obiettivi significativi?

Empatia: quanto spesso considero i sentimenti degli altri prima di agire?

Abilità sociali: Comunico in modo efficace e risolvo i conflitti in modo costruttivo?

Il vostro compito:

Valutate voi stessi su una scala da 1 a 10 per ogni componente dell'EQ. Evidenziate le aree che vorreste migliorare.

4. Sviluppare la consapevolezza di sé

La consapevolezza di sé è la pietra miliare dell'intelligenza emotiva. Quando si è consapevoli delle proprie emozioni, si può capire il loro impatto e prendere il controllo delle proprie azioni.

Come costruire la consapevolezza di sé:

Tenere un diario: Scrivete ogni giorno le vostre emozioni e le situazioni che le hanno scatenate.

Pausa e riflessione: Quando provate un'emozione forte, prendetevi un momento per identificarla prima di reagire.

Cercate un feedback: Chiedete ad amici o colleghi fidati come percepiscono le vostre reazioni emotive.

Il vostro compito:

Dedicate una settimana al diario delle vostre emozioni. Annotate gli schemi: ci sono fattori scatenanti specifici che portano alla frustrazione, alla tristezza o alla gioia?

5. Padroneggiare l'autoregolazione

L'autoregolazione consiste nel gestire efficacemente le emozioni, in modo che non siano loro a dettare le azioni. È la capacità di fermarsi, riflettere e scegliere la propria risposta in modo intenzionale.

Tecniche per una migliore autoregolazione:

Esercizi di respirazione: Praticare la respirazione profonda per calmarsi durante le situazioni di stress.

Riformulare i pensieri negativi: Sostituire il "non avrò mai successo" con "sto imparando e migliorando".

Stabilire dei limiti: Evitare gli ambienti o le situazioni che provocano un innesco emotivo.

Il vostro compito:

Identificate una situazione in cui tendete a reagire impulsivamente. Pianificate una strategia specifica per regolare le vostre emozioni la prossima volta che si presenterà.

6. Costruire l'empatia

L'empatia rafforza le relazioni aiutando a capire e a entrare in contatto con gli altri. Permette di vedere le situazioni dalla loro prospettiva e di rispondere con compassione.

Come costruire l'empatia:

Ascolto attivo: Concentrarsi pienamente su ciò che l'interlocutore sta dicendo senza interrompere o pianificare la propria risposta.

Porre domande: Cercate di capire, non di giudicare. Per esempio: "Cosa ti ha messo in difficoltà ultimamente?".

Esercitatevi a prendere in considerazione la prospettiva: Immaginatevi nella situazione dell'altro.

Il vostro compito:

In questa settimana, fate una conversazione in cui vi concentrate esclusivamente sull'ascolto e sulla comprensione del punto di vista dell'altra persona. Riflettete su come vi siete sentiti.

7. Rafforzare la motivazione

La motivazione è ciò che vi fa andare avanti, anche quando si presentano delle sfide. Le persone con un alto livello di qualità rimangono motivate allineando le loro azioni ai loro valori e obiettivi.

Suggerimenti per aumentare la motivazione:

Stabilire obiettivi chiari: Assicuratevi che i vostri obiettivi siano specifici, misurabili, raggiungibili, pertinenti e limitati nel tempo (SMART).

Visualizzare il successo: Immaginate regolarmente come sarà il raggiungimento del vostro obiettivo.

Tenere traccia dei progressi: Festeggiate i piccoli successi per mantenere lo slancio.

Il vostro compito:

Scrivete un obiettivo a lungo termine e tre passi a breve termine che farete questa settimana per raggiungerlo.

8. Migliorare le abilità sociali

Forti abilità sociali sono essenziali per costruire relazioni sane e risolvere i conflitti. Permettono di comunicare in modo efficace e di favorire la collaborazione.

Come migliorare le abilità sociali:

Praticare una comunicazione chiara: Usare le dichiarazioni "io" per esprimere sentimenti e bisogni senza incolpare gli altri.

Imparare la risoluzione dei conflitti: Concentrarsi sulle soluzioni invece di soffermarsi sui problemi.

Mostrare apprezzamento: Riconoscere i contributi degli altri ed esprimere gratitudine.

Il vostro compito:

Identificate una relazione in cui la comunicazione potrebbe migliorare. Mettete in pratica una nuova abilità, come l'ascolto attivo o l'espressione di apprezzamento, nella vostra prossima interazione.

9. I vantaggi di un QE elevato

Quando rafforzerete la vostra intelligenza emotiva, noterete cambiamenti positivi in ogni ambito della vostra vita:

Relazioni più forti: Il miglioramento della comunicazione e dell'empatia porta a legami più profondi.

Migliore capacità decisionale: Le emozioni non offuscano più il vostro giudizio.

Resilienza: Riprendersi dalle battute d'arresto con fiducia.

Abitudini più sane: Gestirete i fattori scatenanti in modo più efficace, riducendo la dipendenza da meccanismi di coping malsani.

Il vostro compito:

Riflettete su come migliorare il vostro QE potrebbe avere un impatto positivo sulla vostra vita. Scrivete un'area specifica in cui vorreste crescere.

Pensieri finali

Comprendere e migliorare la propria intelligenza emotiva è uno degli investimenti più preziosi che si possano fare su se stessi. L'intelligenza emotiva non aiuta solo a gestire le emozioni, ma consente di affrontare le sfide, costruire relazioni significative e creare cambiamenti duraturi nella propria vita.

Nel prossimo capitolo, uniremo il tutto esplorando come queste strategie di intelligenza emotiva, disciplina finanziaria e rottura delle abitudini possano creare una trasformazione olistica. State facendo un lavoro incredibile: continuate così!

Capitolo 11:
Sostituire la reattività con la risposta

Benvenuti al Capitolo 11! In questo capitolo affrontiamo un'abilità che può migliorare drasticamente le vostre relazioni, il processo decisionale e la soddisfazione generale della vostra vita: sostituire la reattività con una risposta ponderata. La reattività è una reazione riflessiva ed emotiva a uno stimolo, spesso radicata nell'abitudine o nello stress. La risposta, invece, è un'azione deliberata e intenzionale che viene intrapresa dopo una ponderata riflessione.

Spezzare il ciclo della reattività vi permette di riprendere il controllo sulle vostre azioni, di migliorare le vostre interazioni con gli altri e di coltivare abitudini allineate con i vostri obiettivi a lungo termine. Scopriamo come sviluppare questa abilità essenziale.

1. La differenza tra reattività e risposta

La reattività spesso deriva da fattori emotivi, stress o abitudini radicate. È impulsiva e spesso porta a rimpianti o a occasioni mancate. Le risposte, invece, sono fondate sulla consapevolezza e sull'intenzione.

Caratteristiche di reattività:

Azioni rapide e impulsive.

Guidati da forti emozioni (rabbia, paura, frustrazione).

Spesso inasprisce i conflitti o peggiora le situazioni.

Lascia poco spazio al pensiero critico o alla creatività.

Caratteristiche della risposta:

Azioni ponderate e deliberate.

Radicata nella consapevolezza di sé e nella regolazione emotiva.

Si concentra sulla risoluzione dei problemi e sui risultati positivi.

Rafforza le relazioni e crea fiducia.

Il vostro compito:

Pensate a una situazione recente in cui avete reagito d'impulso. Scrivete cosa è successo, come vi siete sentiti e il risultato. Poi, immaginate come sarebbe potuta andare la situazione se aveste reagito in modo diverso.

2. Riconoscere gli stimoli emotivi

Il primo passo per sostituire la reattività con la risposta è identificare ciò che vi scatena. I trigger emotivi sono stimoli che suscitano reazioni forti, spesso automatiche.

Fattori scatenanti comuni:

Fattori scatenanti esterni: Critiche, rifiuti, ambienti stressanti.

Fattori scatenanti interni: Dubbi su se stessi, paura di fallire, esperienze passate.

Come identificare le cause scatenanti:

Diario delle reazioni: Tenete un registro dei momenti in cui vi sentite reagire in modo impulsivo. Annotate cosa vi ha scatenato e come vi siete sentiti.

Riflettere sugli schemi: Cercate i temi ricorrenti nelle vostre reazioni.

Prestare attenzione agli indizi fisici: Notate le sensazioni corporee, come il cuore che batte forte, i pugni stretti o il petto teso: spesso segnalano un'attivazione emotiva.

Il vostro compito:

Identificate un fattore emotivo scatenante e descrivete il modo in cui di solito influisce sul vostro comportamento. Riflettete sul motivo per cui questa causa scatenante ha un impatto su di voi e su quali emozioni di fondo suscita.

3. Praticare la pausa

La pausa è lo strumento più potente per passare dalla reazione alla risposta. Crea spazio per la consapevolezza e l'azione intenzionale.

Come praticare la pausa:

Respirare: Nei momenti di maggiore intensità emotiva, fate tre respiri lenti e profondi per calmare il sistema nervoso.

Etichettare l'emozione: Dare un nome a ciò che si prova (ad esempio, "mi sento frustrato") per aumentare la consapevolezza di sé.

Porre una domanda: Prima di agire, chiedetevi: "Cosa voglio ottenere in questa situazione?".

Il vostro compito:

La prossima volta che vi sentite sul punto di reagire, esercitatevi a fare una pausa. Scrivete quello che avete fatto e come ha influenzato il risultato.

4. Riformulare i pensieri negativi

La reattività è spesso alimentata da schemi di pensiero negativi o distorti. Imparare a riformulare questi pensieri può aiutarvi a cambiare prospettiva e a reagire in modo più efficace.

Schemi di pensiero negativi comuni:

Catastrofizzazione: Aspettarsi il peggior risultato possibile.

Riformulare: "Qual è l'esito più probabile e come posso prepararmi?".

Personalizzazione: Presumere che le azioni degli altri riguardino voi.

Riformulare: "Non si tratta di me: riflette il loro stato d'animo".

Pensiero "bianco e nero": Vedere le situazioni come tutte buone o tutte cattive.

Riformulare: "Ci sono sfumature di grigio: qual è la via di mezzo?".

Il vostro compito:

Scrivete un pensiero negativo recente e modificatelo in una prospettiva costruttiva o neutrale.

5. Costruire la resilienza emotiva

La resilienza emotiva aiuta a rimanere calmi e composti di fronte alle sfide, riducendo la probabilità di comportamenti reattivi.

Strategie per costruire la resilienza:

Praticare la consapevolezza: La meditazione regolare o gli esercizi di mindfulness aumentano la consapevolezza dei pensieri e delle emozioni.

Sviluppare strategie di coping: Avere a disposizione delle tecniche, come scrivere un diario, fare esercizio fisico o parlare con un amico, per elaborare le emozioni in modo costruttivo.

Coltivare l'ottimismo: Concentrarsi sulle soluzioni invece di soffermarsi sui problemi.

Il vostro compito:

Questa settimana inserite nella vostra routine quotidiana un'attività che rafforzi la resilienza. Ad esempio, iniziate ogni giornata con un esercizio di mindfulness di 5 minuti.

6. Comunicare in modo ponderato

La reattività può danneggiare le relazioni, mentre una comunicazione ponderata favorisce la comprensione e il legame. Imparare a esprimersi in modo chiaro e rispettoso è una parte fondamentale del rispondere invece di reagire.

Suggerimenti per una comunicazione ponderata:

Usare le affermazioni "io": Concentratevi sui vostri sentimenti e bisogni (ad esempio, "Mi sento ferito quando...").

Ascoltare attivamente: Prestare la massima attenzione all'interlocutore senza pianificare la propria risposta mentre parla.

Concentrarsi sulle soluzioni: Invece di attribuire la colpa, lavorate in modo collaborativo per risolvere il problema.

Il vostro compito:

La prossima volta che avrete una conversazione difficile, esercitatevi a usare le affermazioni "Io" e l'ascolto attivo. Riflettete su come ha influenzato l'interazione.

7. Praticare l'autocompassione

La reattività spesso deriva dall'autocritica o dal senso di inadeguatezza. La pratica dell'autocompassione aiuta a trattare se stessi con gentilezza e pazienza, rendendo più facile rispondere in modo costruttivo.

Come praticare l'autocompassione:

Riconoscere la propria umanità: Ricordate a voi stessi che tutti commettono errori e affrontano sfide.

Sfidare l'autocritica: Sostituite i giudizi severi con pensieri di sostegno.

Prendetevi cura di voi stessi: Date priorità alle attività che nutrono il vostro corpo e la vostra mente.

Il vostro compito:

Scrivete un errore commesso di recente. Invece di criticarvi, scrivete un messaggio gentile e comprensivo a voi stessi, come se steste parlando con un amico.

8. Sostituire le abitudini di reattività

Per spezzare l'abitudine alla reattività occorrono costanza e pratica intenzionale. Più scegliete risposte ponderate, più diventerà naturale.

Passi per la sostituzione della reattività:

Identificare gli schemi reattivi: Notate le situazioni specifiche in cui reagite spesso in modo impulsivo.

Creare nuovi copioni: Sviluppare risposte intenzionali ai fattori scatenanti più comuni.

Esercitarsi regolarmente: Utilizzate situazioni poco rischiose per provare risposte ponderate.

Il vostro compito:

Scegliete un'abitudine reattiva che volete cambiare. Scrivete un nuovo copione o una nuova risposta che userete la prossima volta che si presenterà la situazione.

9. I vantaggi a lungo termine di risposte ponderate

Quando sostituite la reattività con la risposta, noterete dei miglioramenti in molte aree della vostra vita:

Relazioni più forti: Gli altri si fideranno e rispetteranno il vostro approccio misurato.

Decisioni migliori: Le azioni ponderate portano a risultati più efficaci.

Riduzione dello stress: Vi sentirete più padroni delle vostre emozioni e dei vostri comportamenti.

Miglioramento dell'autostima: Rispondere in modo ponderato rafforza il senso di responsabilità personale.

Pensieri finali

Imparare a sostituire la reattività con la risposta è un'abilità trasformativa che vi servirà per tutta la vita. Esercitando l'autoconsapevolezza, costruendo la resilienza e sviluppando una comunicazione ponderata, prenderete il controllo delle vostre azioni e creerete risultati più positivi in ogni ambito della vostra vita.

Nel prossimo capitolo esploreremo come sostenere questi cambiamenti e integrare tutti gli insegnamenti di questo libro in un piano completo per il successo a lungo termine. Continuate a lavorare bene: state padroneggiando l'arte di vivere intenzionalmente!

Capitolo 12: Rafforzare le relazioni attraverso l'intelligenza emotiva (EQ)

In questo capitolo analizzeremo come l'intelligenza emotiva (EQ) può trasformare le vostre relazioni, siano esse con la famiglia, gli amici, i colleghi o i partner romantici. Le relazioni prosperano quando sono costruite sulla fiducia, sull'empatia e sulla comunicazione efficace, abilità chiave che l'IE aiuta a padroneggiare. Rafforzare le relazioni non significa solo evitare i conflitti, ma anche creare legami più profondi che arricchiscono la vostra vita e sostengono la vostra crescita personale.

Scopriamo le strategie pratiche per usare l'IE per coltivare e sostenere relazioni significative.

1. Il ruolo dell'EQ nelle relazioni

L'intelligenza emotiva getta le basi per relazioni forti. Quando si comprendono le proprie emozioni e quelle degli altri, si possono affrontare le sfide con compassione e chiarezza.

Perché l'equalizzazione è importante:

    Consapevolezza di sé: Aiuta a comprendere i propri bisogni emotivi e a comunicarli in modo efficace.

    Empatia: permette di vedere le cose dal punto di vista di un'altra persona, favorendo la comprensione reciproca.

    Autoregolazione: Permette di rimanere calmi e costruttivi durante i conflitti.

    Abilità sociali: Migliora la capacità di creare rapporti, risolvere controversie e mantenere confini sani.

Il vostro compito:

Pensate a una relazione che volete migliorare. Scrivete come le cinque componenti dell'IE potrebbero aiutarvi in quella specifica dinamica.

2. Coltivare la consapevolezza emotiva nelle relazioni

La consapevolezza di sé è il punto di partenza per rafforzare le relazioni. Comprendere i propri schemi emotivi permette di interagire con gli altri in modo più autentico ed efficace.

Come coltivare la consapevolezza emotiva:

   Fate il check-in con voi stessi: Prima di affrontare una conversazione difficile, prendetevi un momento per identificare le vostre emozioni e motivazioni.

   Monitorare gli schemi emotivi: Notate come vi fanno sentire certe persone o situazioni.

   Condividere i propri sentimenti in modo costruttivo: Usate le affermazioni "io" per esprimere le emozioni senza attribuire colpe (ad esempio, "mi sento sopraffatto quando i piani cambiano all'improvviso").

Il vostro compito:

Per una settimana, tenete traccia delle vostre reazioni emotive durante le interazioni con gli altri. Identificate un caso in cui una maggiore consapevolezza di sé avrebbe potuto migliorare il risultato.

3. Sviluppare l'empatia per creare connessioni più profonde

L'empatia è il ponte per comprendere le prospettive e i sentimenti degli altri. Quando le persone si sentono comprese, è più probabile che si fidino e si leghino a voi.

Come praticare l'empatia:

Ascoltare attivamente: Prestare la massima attenzione all'interlocutore, concentrandosi sulle sue parole, sul tono e sul linguaggio del corpo.

Convalidare i sentimenti: Riconoscere le emozioni dicendo cose come: "Sembra davvero frustrante".

Fate domande aperte: Incoraggiate una condivisione più profonda con domande del tipo: "Come ti ha fatto sentire?".

Il vostro compito:

Scegliete una persona della vostra vita con cui vorreste entrare in contatto più profondamente. Praticate l'ascolto attivo durante la prossima conversazione e riflettete su come ha cambiato l'interazione.

4. Gestire i conflitti con l'intelligenza emotiva

Il conflitto è inevitabile in ogni relazione, ma il modo in cui lo si gestisce determina se rafforza o indebolisce il legame. L'EQ vi aiuta ad affrontare i conflitti concentrandovi sulla risoluzione piuttosto che sul biasimo.

Passi per risolvere i conflitti usando l'EQ:

Mantenere la calma: Esercitate l'autoregolazione facendo una pausa per respirare o allontanandovi temporaneamente se le emozioni sono elevate.

Concentratevi sul problema, non sulla persona: Evitate gli attacchi personali e concentratevi sulla soluzione del problema.

Cercare soluzioni vantaggiose per tutti: Cercare di ottenere risultati che soddisfino le esigenze di entrambe le parti, quando possibile.

   Chiedere scusa e perdonare: Riconoscere gli errori e abbandonare il rancore per ricostruire la fiducia.

Il vostro compito:

Pensate a un conflitto recente. Scrivete come avreste potuto applicare questi passaggi per gestirlo in modo più costruttivo.

5. Rafforzare le capacità di comunicazione

Una comunicazione efficace è la spina dorsale di una relazione sana. L'EQ vi fornisce gli strumenti per esprimervi chiaramente e comprendere gli altri.

Suggerimenti per una comunicazione efficace:

   Praticare la trasparenza: Condividete i vostri pensieri e sentimenti in modo onesto e rispettoso.

   Usare gli indizi non verbali: Mantenete un linguaggio corporeo aperto e un contatto visivo per dimostrare che siete impegnati.

   Evitare le supposizioni: Chiarire i malintesi invece di saltare alle conclusioni.

   Il tempismo è importante: Scegliete il momento giusto per discutere di argomenti delicati, quando entrambe le parti sono calme e ricettive.

Il vostro compito:

Identificate un problema di comunicazione ricorrente in una relazione chiave. Pianificate e mettete in pratica il modo in cui lo affronterete utilizzando questi suggerimenti.

6. Stabilire e rispettare i limiti

I confini sani proteggono le relazioni garantendo il rispetto e la comprensione reciproci. Vi aiutano a gestire la vostra energia e il vostro benessere emotivo, favorendo la fiducia.

Come stabilire i limiti:

   Definite i vostri limiti: Siate chiari su ciò che vi fa sentire a vostro agio e su ciò che supera il limite.

   Comunicare con fermezza ma con gentilezza: usare affermazioni come: "La sera ho bisogno di un po' di tempo tranquillo per ricaricarmi".

   Rispettare i limiti degli altri: Ascoltate e rispettate ciò che esprimono come limiti.

Il vostro compito:

Scrivete un limite che vorreste stabilire in una relazione. Esercitatevi a comunicarlo in modo rispettoso e assertivo.

7. Costruire la fiducia attraverso la coerenza

La fiducia si guadagna con azioni coerenti che dimostrano affidabilità e attenzione. È la pietra angolare di ogni relazione forte.

Come costruire la fiducia:

   Mantenere gli impegni presi: Fate quello che dite di fare.

Siate sinceri: anche quando la verità è difficile, l'onestà favorisce il rispetto.

Essere di supporto: Offrite incoraggiamento e assistenza senza che ve lo chiedano.

Il vostro compito:

Individuate un modo in cui potete mostrare maggiore coerenza in una relazione. Pianificate di agire in tal senso questa settimana.

8. Riconoscere e riparare il danno relazionale

Nessuna relazione è perfetta e gli errori capitano. La chiave è affrontare tempestivamente i problemi e riparare i danni subiti.

Passi per riparare i danni:

Riconoscere il problema: Assumersi la responsabilità del proprio ruolo nel problema.

Offrire scuse autentiche: Esprimere rimorso senza giustificare le proprie azioni.

Fare ammenda: Chiedere che cosa si può fare per ricostruire la fiducia e seguire l'esempio.

Il vostro compito:

Pensate a un rapporto che è stato teso. Scrivete una lettera di scuse, anche se non la spedite, per esercitarvi a esprimere un vero rimorso e a delineare i passi per riparare.

9. I benefici dell'EQ nelle relazioni

Quando rafforzate le vostre relazioni attraverso l'EQ, sperimenterete:

Legami più profondi: L'empatia e la comprensione favoriscono legami significativi.

Riduzione dello stress: Le relazioni sane forniscono un sostegno emotivo nei momenti difficili.

Miglioramento della risoluzione dei conflitti: I disaccordi vengono risolti in modo costruttivo, riducendo la tensione.

Crescita reciproca: Le relazioni forti ispirano e sostengono la crescita personale e condivisa.

Il vostro compito:

Riflettete su una relazione che è migliorata grazie al vostro aumento di QE. Scrivete cosa avete fatto di diverso e come ha influito sulla dinamica.

Pensieri finali

Rafforzare le relazioni attraverso l'intelligenza emotiva è uno degli aspetti più gratificanti della crescita personale. Esercitando l'empatia, migliorando la comunicazione e gestendo i conflitti in modo ponderato, è possibile creare legami che arricchiscono la vita e sostengono il viaggio verso l'inversione delle cattive abitudini.

Nel prossimo capitolo, esamineremo come mantenere tutti i progressi fatti e fare in modo che questi cambiamenti diventino parte duratura del vostro stile di vita. Continuate così: state costruendo una vita piena di relazioni significative e appaganti!

Capitolo 13: Impilare le abitudini per il successo

Benvenuti al Capitolo 13! In questo capitolo esploreremo una delle tecniche più efficaci per creare un cambiamento duraturo: l'accatastamento delle abitudini. L'accatastamento delle abitudini è una strategia che consiste nel costruire nuove abitudini collegandole a quelle esistenti. Invece di tentare di riorganizzare la vostra vita in una volta sola, collegate piccoli passi attuabili alle routine che già svolgete quotidianamente.

Questo metodo sfrutta il potere dello slancio e della costanza, rendendo più facile l'integrazione di abitudini positive nella vostra vita. Alla fine di questo capitolo, saprete come progettare e implementare le pile di abitudini per sostenere i vostri obiettivi di salute, ricchezza e intelligenza emotiva.

1. Che cos'è l'accatastamento delle abitudini?

L'accatastamento delle abitudini è stato reso popolare da James Clear in Atomic Habits e si basa sulla scienza della psicologia comportamentale. La premessa è semplice: si aggancia una nuova abitudine a una già esistente, creando una catena di comportamenti che confluiscono in modo naturale.

Perché funziona:

Sfrutta le routine esistenti: Non si parte da zero.

Riduce la fatica delle decisioni: Si automatizza il processo di creazione delle abitudini.

Crea slancio: Le piccole vittorie si trasformano in grandi risultati nel tempo.

Esempio:

Abitudine esistente: lavarsi i denti al mattino.

Nuova abitudine: Praticare la gratitudine elencando una cosa per cui si è grati durante o subito dopo lo spazzolamento.

Il vostro compito:

Pensate a un'abitudine che già svolgete quotidianamente. Pensate a un'abitudine semplice e benefica da associare ad essa.

2. Progettare le pile di abitudini

Il successo dell'accatastamento delle abitudini risiede in una pianificazione ponderata. Ecco come creare pile di abitudini efficaci:

Passo 1: identificare le abitudini di ancoraggio

Iniziate elencando le abitudini che già adottate con costanza, come ad esempio:

> Preparare il caffè.
>
> Fare la doccia.
>
> Chiudere la porta quando si esce di casa.
>
> Controllare la posta elettronica.

Fase 2: Scegliere nuove abitudini semplici

Scegliete abitudini piccole e realizzabili che siano in linea con i vostri obiettivi. Alcuni esempi sono:

> Bere un bicchiere d'acqua dopo il risveglio (salute).
>
> Revisione del bilancio dopo pranzo (ricchezza).

Fare tre respiri profondi prima di rispondere alle e-mail (regolazione emotiva).

Fase 3: Scrivere la formula dell'accumulo di abitudini

Utilizzate questo formato: "Dopo [abitudine esistente], prenderò [nuova abitudine]".

Esempio: "Dopo aver preparato il caffè del mattino, rivedrò la lista delle cose da fare ogni giorno".

Fase 4: Test e regolazione

Iniziate con poco e perfezionate la vostra pila in base a ciò che funziona per voi.

Il vostro compito:

Scrivete una formula completa di stack di abitudini da provare questa settimana.

3. Accatastamento delle abitudini per la salute

Creare uno stile di vita più sano non deve essere un'impresa ardua. Utilizzate la sovrapposizione delle abitudini per migliorare le vostre abitudini alimentari, di esercizio e di cura di voi stessi.

Esempi:

Alimentazione: Dopo aver terminato un pasto, registro ciò che ho mangiato in un diario alimentare.

Esercizio: Dopo essermi lavato i denti la sera, faccio 10 flessioni.

Cura di sé: Dopo aver fatto colazione, medito per 2 minuti.

Il vostro compito:

Scegliete un obiettivo legato alla salute. Scrivete una pila di abitudini che lo sostenga e impegnatevi a praticarla quotidianamente per la prossima settimana.

4. Accatastamento delle abitudini per la ricchezza

La costruzione della disciplina finanziaria e della ricchezza richiede costanza. L'accatastamento delle abitudini può aiutarvi a stabilire delle routine che promuovano il risparmio, il bilancio e un processo decisionale consapevole.

Esempi:

Bilancio: Dopo aver controllato la mia e-mail, esamino il saldo del mio conto corrente.

Risparmiare denaro: Dopo aver ricevuto la busta paga, trasferisco il 10% sul mio conto di risparmio.

Imparare: Dopo aver finito di cenare, leggerò un articolo sulla finanza personale.

Il vostro compito:

Identificate un'abitudine finanziaria che vorreste sviluppare. Create una pila di abitudini che la ancori a una routine quotidiana esistente.

5. Accatastamento delle abitudini per l'intelligenza emotiva

Migliorare l'intelligenza emotiva implica pratiche come la consapevolezza, l'empatia e la comunicazione efficace. L'accatastamento delle abitudini può aiutarvi a incorporare queste pratiche senza soluzione di continuità nella vostra giornata.

Esempi:

Mindfulness: Dopo aver messo in moto l'auto, faccio tre respiri profondi prima di guidare.

Empatia: Al termine di una conversazione, rifletto su ciò che l'altra persona può aver provato.

Gratitudine: Dopo aver aperto il mio diario, scrivo una cosa per cui sono grato.

Il vostro compito:

Scegliete un aspetto dell'intelligenza emotiva che volete rafforzare. Scrivete una pila di abitudini che incoraggi la pratica regolare.

6. Risoluzione dei problemi comuni

Anche con le migliori intenzioni, l'accumulo di abitudini può incontrare degli ostacoli. Ecco come superarli:

Sfida 1: Dimenticare la nuova abitudine

Soluzione: Utilizzate promemoria visivi, come note adesive o allarmi telefonici, per sollecitarvi finché l'abitudine non diventa automatica.

Sfida 2: sovraccaricare la routine

Soluzione: Iniziate con una piccola serie di abitudini alla volta. Costruire gradualmente per evitare di essere sopraffatti.

Sfida 3: Perdita di motivazione

Soluzione: Festeggiate i piccoli successi e ricordate a voi stessi l'obiettivo più grande che le vostre abitudini stanno sostenendo.

Il vostro compito:

Se avete già provato ad accatastare le abitudini e avete avuto difficoltà, identificate la sfida che avete affrontato e scrivete un piano per risolverla.

7. Scalare le pile di abitudini

Una volta acquisita la padronanza di alcune piccole pile, è possibile estenderle a routine più ampie. Ad esempio:

Routine mattutina:

Dopo il risveglio, bevo un bicchiere d'acqua.

Dopo aver bevuto acqua, scrivo i miei tre obiettivi principali per la giornata.

Dopo aver scritto i miei obiettivi, dedicherò 5 minuti allo stretching.

Routine serale:

Dopo aver lavato i denti, passo in rassegna i risultati ottenuti nella giornata.

Dopo aver esaminato i miei risultati, preparo il mio abbigliamento per il giorno successivo.

Dopo aver preparato il mio abbigliamento, leggerò 10 pagine di un libro.

Il vostro compito:

Progettate una semplice routine mattutina o serale utilizzando l'accatastamento delle abitudini. Iniziate con 2-3 abitudini e ampliatele gradualmente.

8. I benefici a lungo termine dell'accatastamento delle abitudini

L'accumulo di abitudini vi aiuta a creare una vita in cui il successo diventa automatico. Collegando le abitudini positive alle routine esistenti, potrete:

    Risparmiare tempo: Ridurre il processo decisionale creando routine strutturate.

    Siate coerenti: Le piccole azioni quotidiane portano a grandi risultati a lungo termine.

    Raggiungere gli obiettivi: Allineare le proprie abitudini con gli obiettivi di salute, ricchezza e crescita personale.

Pensieri finali

L'accatastamento delle abitudini è più di un semplice trucco per la produttività: è un quadro di riferimento per una vita intenzionale. Ancorando le nuove abitudini alle routine esistenti, potete creare un effetto a catena di cambiamenti positivi in ogni area della vostra vita.

Nel prossimo capitolo, riuniremo tutto e parleremo di come sostenere i progressi fatti, assicurandoci che le abitudini costruite portino a una trasformazione duratura. Ci siete quasi: continuate così!

Capitolo 14: Il ruolo della responsabilità

La responsabilità è la forza invisibile che può fare o distruggere il vostro successo. Non si tratta solo di spuntare i compiti: si tratta di promuovere l'impegno, di costruire la resilienza e di creare una struttura di supporto che vi faccia andare avanti, anche quando la motivazione viene meno.

In questo capitolo esploreremo come funziona la responsabilità, perché è essenziale per invertire le cattive abitudini e come potete incorporarla nel vostro percorso. Alla fine, avrete gli strumenti per costruire sistemi di responsabilità che vi permetteranno di rimanere in carreggiata e di raggiungere i vostri obiettivi.

1. Che cos'è la responsabilità?

In sostanza, la responsabilità è la pratica di assumersi la responsabilità delle proprie azioni e dei propri progressi. Comporta il riconoscimento dei successi e delle battute d'arresto e la ricerca di un miglioramento continuo.

Aspetti chiave della responsabilità:

Responsabilità: Possedere le proprie decisioni e i loro risultati.

Trasparenza: Essere onesti riguardo ai propri sforzi e alle proprie sfide.

Supporto: Sfruttare le relazioni e i sistemi per mantenere l'allineamento con i vostri obiettivi.

Il vostro compito:

Riflettete su un momento in cui avete avuto successo perché qualcuno o qualcosa vi ha responsabilizzato. Scrivete cosa ha funzionato e come vi ha motivato.

2. Perché la responsabilità è importante

Senza responsabilità, è facile che scuse, distrazioni o mancanza di disciplina facciano deragliare i vostri progressi. Ecco perché la responsabilità è fondamentale:

Aumenta l'impegno: È più probabile che i vostri obiettivi vengano portati a termine quando qualcun altro ne è a conoscenza.

Fornisce una prospettiva: Gli altri possono aiutarvi a vedere i punti ciechi e le aree da migliorare.

Costruisce la coerenza: I check-in regolari creano slancio, trasformando le intenzioni in abitudini.

Incoraggia la resilienza: I partner o i sistemi di responsabilità possono motivare ad andare avanti nei momenti difficili.

Il vostro compito:

Scrivete un'area in cui la mancanza di responsabilità ha ostacolato i vostri progressi. Individuate in che modo un sistema di responsabilità avrebbe potuto aiutarvi.

3. Tipi di sistemi di responsabilità

La responsabilità può assumere diverse forme. Scegliete quella o quelle che meglio si adattano alla vostra personalità e ai vostri obiettivi:

a. Autoresponsabilità:

Tracciare i propri progressi attraverso strumenti come diari, tracker delle abitudini o applicazioni.

   Esempio: Utilizzare un'agenda giornaliera per annotare le abitudini o i compiti completati.

   Suggerimento: Riflettere settimanalmente su ciò che è andato bene e su ciò che deve essere modificato.

b. Responsabilità tra pari:

Collaborare con un amico, un collega o un familiare per condividere obiettivi e progressi.

   Esempio: Impegnatevi a fare un check-in settimanale con un amico sui vostri obiettivi di fitness.

   Suggerimento: Scegliete una persona affidabile e incoraggiante.

c. Responsabilità di gruppo:

Partecipare a un gruppo con obiettivi comuni, come un corso di fitness o un gruppo mastermind.

   Esempio: Partecipare a un forum online in cui i membri condividono progressi e sfide.

   Suggerimento: partecipate attivamente per ottenere il massimo dal gruppo.

d. Responsabilità professionale:

Assumere un coach, un mentore o un terapeuta che vi guidi e vi sostenga.

Esempio: Collaborare con un consulente finanziario per creare e rispettare un budget.

Suggerimento: Assicuratevi che il professionista sia in linea con i vostri valori e obiettivi.

Il vostro compito:

Individuate il tipo di responsabilità che più vi colpisce. Scrivete un modo per incorporarlo nella vostra vita questa settimana.

4. Costruire la responsabilità nella vita quotidiana

Per rendere efficace la responsabilità, è necessario integrarla nella propria routine. Ecco come fare:

a. Stabilire obiettivi chiari:

La responsabilità inizia con la conoscenza degli obiettivi. Definite i vostri obiettivi con risultati specifici e misurabili.

Esempio: Invece di "Voglio risparmiare", dite: "Risparmierò 100 dollari ogni settimana per i prossimi tre mesi".

b. Creare punti di controllo:

Suddividete l'obiettivo in tappe più piccole e programmate controlli regolari.

Esempio: Esaminate le vostre spese ogni domenica per assicurarvi che stiate rispettando il budget.

c. Utilizzare strumenti di responsabilità:

Sfruttate la tecnologia per rimanere in carreggiata. App, promemoria e tracker digitali possono aiutare.

Esempio: Utilizzate un'app per il fitness per registrare gli allenamenti e monitorare i progressi.

d. Festeggiare le vittorie:

Riconoscere e premiare i progressi per rimanere motivati.

Esempio: Concedetevi qualcosa di piacevole quando raggiungete un traguardo importante.

Il vostro compito:

Scegliete un obiettivo e scrivete tre punti di controllo per misurare i vostri progressi. Decidete come ricompensarvi per il raggiungimento di ciascuno di essi.

5. Responsabilità nella salute

Per invertire le abitudini malsane, la responsabilità è preziosa. Può mantenervi motivati ed evitare che vi ricadiate.

Strategie per la responsabilità sanitaria:

Traccia i tuoi progressi: Registrate ogni giorno gli allenamenti, i pasti o le variazioni di peso.

Collaborare: Esercitatevi con un amico o unitevi a un gruppo di fitness.

Utilizzate un supporto professionale: Assumete un personal trainer o un nutrizionista che vi guidi.

Il vostro compito:

Stabilite un obiettivo di salute (ad esempio, fare esercizio fisico 3 volte alla settimana). Scrivete in che modo sarete responsabili del raggiungimento dell'obiettivo.

6. Responsabilità nella ricchezza

La disciplina finanziaria si basa sulla responsabilità. Vi permette di essere onesti riguardo alle spese, ai risparmi e alla pianificazione.

Strategie per la responsabilità finanziaria:

Creare un budget: Condividetelo con un amico o un consulente fidato.

Automatizzare i risparmi: Impostare trasferimenti automatici a un conto di risparmio.

Revisione mensile: Programmate revisioni regolari dei vostri obiettivi finanziari.

Il vostro compito:

Scegliete un'abitudine finanziaria (ad esempio, risparmiare 50 dollari a settimana). Decidete come e con chi sarete responsabili di mantenerla.

7. Responsabilità nella crescita emotiva

La costruzione dell'intelligenza emotiva richiede una pratica costante, che la responsabilità può sostenere.

Strategie per la responsabilità del QE:

Diario: Scrivete le interazioni quotidiane e riflettete su come avete gestito le emozioni.

Check-in di pratica: Collaborate con qualcuno per condividere obiettivi e riflessioni settimanali sull'EQ.

Cercare feedback: Chiedete a persone fidate di darvi un parere sincero su come gestite le emozioni.

Il vostro compito:

Scrivete un obiettivo di QE (ad esempio, fare una pausa prima di reagire in situazioni di tensione). Identificate come seguire i progressi e chi può sostenervi.

8. Superare la resistenza alla responsabilità

È naturale sentirsi esitanti all'idea di essere ritenuti responsabili. Ecco come affrontare le barriere più comuni:

Barriera 1: paura del giudizio

   Soluzione: Scegliete persone o strumenti di sostegno e non giudicanti che vi responsabilizzino.

Barriera 2: Evitare la responsabilità

   Soluzione: Suddividere gli obiettivi in passi più piccoli e gestibili per far sembrare i progressi realizzabili.

Barriera 3: mancanza di coerenza

   Soluzione: Programmare controlli regolari e impostare promemoria per rimanere in carreggiata.

Il vostro compito:

Identificate una barriera che dovete affrontare con la responsabilità e scrivete come la supererete.

9. I benefici a lungo termine della responsabilità

La responsabilità non è solo uno strumento per raggiungere obiettivi a breve termine, ma crea abitudini che sostengono il successo a lungo termine. Con una responsabilità costante, potrete:

Sviluppare una maggiore autodisciplina.

Creare fiducia in se stessi e negli altri.

Raggiungere gli obiettivi in modo più efficiente.

Create un sistema di supporto che vi aiuti a crescere.

Pensieri finali

La responsabilità trasforma le intenzioni in azioni e le aspirazioni in realizzazioni. Abbracciando la responsabilità in materia di salute, ricchezza e intelligenza emotiva, creerete la disciplina e il sostegno necessari per invertire le cattive abitudini e raggiungere i vostri obiettivi.

Nel prossimo capitolo, uniremo tutto e discuteremo le strategie per mantenere i progressi fatti. Mantenete il vostro impegno: siete vicini al traguardo!

Capitolo 15: Celebrare le pietre miliari

Avete lavorato duramente per invertire le vostre cattive abitudini e ogni tappa del percorso merita un riconoscimento. Celebrare le pietre miliari non significa solo darsi una pacca sulla spalla, ma è una parte fondamentale per rafforzare i comportamenti positivi e mantenere la motivazione a lungo termine.

In questo capitolo discuteremo dell'importanza di riconoscere i progressi, di come definire le pietre miliari e dei modi migliori per celebrarle. Alla fine, saprete come rendere la celebrazione un potente strumento per un successo duraturo.

1. Perché festeggiare le pietre miliari è importante

Celebrare le pietre miliari non è autoindulgente, ma strategico. Vi tiene impegnati, rafforza i progressi e crea un legame emotivo positivo con i vostri sforzi.

Vantaggi della celebrazione delle pietre miliari:

   Crea slancio: Riconoscere le piccole vittorie vi mantiene motivati ad affrontare sfide più grandi.

   Rafforza le abitudini: Le ricompense creano un rinforzo positivo, facendo sì che le nuove abitudini si consolidino.

   Aumenta la fiducia in se stessi: I festeggiamenti ricordano i progressi compiuti, rafforzando la fiducia in se stessi.

   Previene il burnout: Prendersi del tempo per festeggiare riduce lo stress e rende il viaggio piacevole.

Il vostro compito:

Riflettete su un risultato recente, grande o piccolo che sia. Come lo avete riconosciuto? Se non l'avete fatto, pensate a come avreste potuto celebrarlo in modo significativo.

2. Definire le tappe fondamentali

Non tutte le pietre miliari devono essere monumentali. Suddividete il vostro viaggio in segmenti gestibili e festeggiate i progressi in ogni fase.

Tipi di pietre miliari:

Micropietre miliari: Piccoli successi giornalieri o settimanali (ad esempio, rispettare il budget per una settimana).

Pietre miliari medie: Punti di avanzamento significativi (ad esempio, perdere 5 kg, risparmiare 1.000 dollari).

Pietre miliari importanti: Raggiungere obiettivi a lungo termine (ad esempio, pagare il debito, correre una maratona).

Come identificare le pietre miliari:

Allinearsi agli obiettivi: Scegliete delle pietre miliari che riflettano i progressi verso i vostri obiettivi di salute, ricchezza o equità.

Siate specifici: Definite obiettivi chiari e misurabili.

Rendeteli realistici: assicuratevi che le tappe siano impegnative ma raggiungibili.

Esempio:

Se il vostro obiettivo è quello di perdere 20 kg, le vostre tappe potrebbero essere:

Perdere le prime 5 libbre (micro).

Raggiungimento di 10 libbre perse (medio).

Raggiungere il traguardo delle 20 libbre (importante).

Il vostro compito:

Scrivete un obiettivo a lungo termine e tre pietre miliari che rappresentino i progressi verso il suo raggiungimento.

3. Scegliere ricompense significative

I festeggiamenti devono essere personali e gratificanti, ma non devono far deragliare i vostri progressi. Scegliete ricompense che siano in linea con i vostri valori e che rafforzino le abitudini positive.

Idee di ricompensa per categoria:

Salute:

Comprate una nuova attrezzatura per l'allenamento.

Concedetevi un massaggio.

Provate una nuova ricetta sana.

Ricchezza:

Concedetevi un piccolo lusso senza sensi di colpa (ad esempio, un pasto o un libro preferito).

Mettete da parte dei "soldi per il divertimento" per un'esperienza che vi piace.

Investite in un corso o in uno strumento che supporti i vostri obiettivi finanziari.

Intelligenza emotiva:

Dedicate un giorno alla cura di voi stessi, come scrivere un diario o rilassarvi nella natura.

Festeggiate con un amico che ha sostenuto la vostra crescita.

Premiatevi con il tempo dedicato a un hobby preferito.

Il vostro compito:

Scegliete una pietra miliare per la quale state lavorando. Scrivete una ricompensa che sia significativa e in linea con i vostri progressi.

4. Festeggiare senza sabotare

È essenziale che i festeggiamenti non annullino i progressi fatti. Per esempio, se vi siete impegnati a fondo per un'alimentazione sana, non lasciate che un "pasto in bianco" si trasformi in una settimana di eccessiva indulgenza.

Suggerimenti per festeggiamenti equilibrati:

Tenere sotto controllo le ricompense: Scegliete ricompense che portino gioia senza compromettere i vostri obiettivi.

Celebrate i progressi, non la perfezione: Concentratevi sugli sforzi compiuti, anche se il viaggio non è perfetto.

Siate creativi: Cercate modi non materiali per festeggiare, come passare del tempo con i vostri cari o esplorare nuove esperienze.

Esempio:

Invece di festeggiare la perdita di peso mangiando cibo spazzatura, premiatevi con un nuovo paio di scarpe da corsa o con una divertente attività all'aperto.

Il vostro compito:

Pensate a una volta in cui una celebrazione ha portato a un passo indietro. Come avreste potuto festeggiare in modo diverso per mantenere lo slancio?

5. Condividere le vittorie

Le celebrazioni diventano ancora più significative se condivise con altri. Che si tratti di un amico intimo, di un familiare o di un partner di responsabilità, coinvolgere gli altri può amplificare la gioia e la motivazione.

Modi per condividere:

Social media: Pubblicate i vostri progressi per ispirare gli altri.

Gruppi di responsabilità: Condividere le tappe fondamentali durante i check-in.

Festeggiare insieme: Invitate qualcuno che vi ha sostenuto a partecipare ai festeggiamenti.

Il vostro compito:

Individuate una persona con cui vorreste condividere il vostro prossimo traguardo. Scrivete come la coinvolgerete nei vostri festeggiamenti.

6. Riflettere sul proprio viaggio

La celebrazione delle pietre miliari è anche un'occasione per riflettere su ciò che avete imparato e su come siete cresciuti. Utilizzate questo momento per riconoscere la vostra resilienza, adattabilità e dedizione.

Domande per la riflessione:

Quali sfide ho superato per raggiungere questo traguardo?

Quali strategie hanno funzionato bene e quali possono essere migliorate?

In che modo il raggiungimento di questo traguardo mi avvicina al mio obiettivo a lungo termine?

Il vostro compito:

Dopo aver raggiunto il prossimo traguardo, dedicate 10 minuti a scrivere un diario sul vostro percorso fino a quel momento.

7. L'effetto a catena delle celebrazioni

Quando si festeggia, si crea uno slancio positivo che si ripercuote su altre aree della vita. Riconoscere i progressi in un ambito (ad esempio, la salute) può ispirare a impegnarsi di più in un altro (ad esempio, la ricchezza o il QE).

Esempi di effetti a catena:

Sentirsi sicuri dopo aver raggiunto un obiettivo di fitness può motivare ad affrontare una sfida finanziaria.

Celebrare il miglioramento della comunicazione con il partner può rafforzare il vostro impegno per la crescita personale.

Il vostro compito:

Scrivete una vittoria recente e identificate come questa abbia avuto un impatto positivo su un'altra area della vostra vita.

8. Creare un'abitudine alle celebrazioni

Proprio come si costruiscono abitudini per la salute, la ricchezza e il QE, si può sviluppare l'abitudine di celebrare i progressi.

Passi per rendere le celebrazioni una routine:

Pianificare in anticipo: Assegnate in anticipo i premi a specifici traguardi.

Tenere traccia dei progressi: Utilizzate un diario o un tracker per annotare i traguardi raggiunti.

Programmare le celebrazioni: Trattate le celebrazioni come appuntamenti da non perdere.

Il vostro compito:

Rivedere gli obiettivi e le pietre miliari attuali. Programmate un momento specifico per festeggiare la vostra prossima vittoria.

9. Il potere a lungo termine delle celebrazioni

Le celebrazioni non sono solo ricompense, ma servono a rafforzare la mentalità e i comportamenti che portano al successo. Festeggiando con costanza, potrete:

Rimanere motivati attraverso le sfide.

Approfondire il legame con i propri obiettivi.

Costruire una vita che valorizzi lo sforzo e il progresso.

Pensieri finali

La celebrazione delle tappe fondamentali è il carburante che alimenta il vostro percorso. Riconoscendo i progressi in modo significativo, non solo sostenete il vostro slancio, ma rendete anche il processo di inversione delle cattive abitudini un'esperienza piacevole e appagante.

Mentre andate avanti, ricordate che ogni passo, anche se piccolo, merita di essere celebrato. Nel prossimo e ultimo capitolo, ci concentreremo sul mantenimento del successo che avete costruito e sulla creazione di una tabella di marcia per una crescita continua. Non demordete: siete quasi arrivati al traguardo!

Conclusione:
La vostra nuova realtà

Alla fine di questo viaggio, avrete appreso gli strumenti per trasformare le vostre abitudini e, di conseguenza, la vostra vita. Ma questo è solo l'inizio. Il processo di inversione delle cattive abitudini e di sostituzione con altre nuove e potenzianti è continuo. Infatti, il vero lavoro inizia adesso. Ciò che avete imparato può aiutarvi a creare una vita di crescita costante, padronanza di sé e realizzazione. Questa nuova realtà non è un sogno lontano, ma una realtà in cui potete entrare fin da ora.

1. Le abitudini sono il fondamento della vostra nuova realtà

Le abitudini che avete adottato fino a questo momento hanno plasmato la vostra vita in modi sia evidenti che sottili. Hanno determinato la vostra salute, la vostra ricchezza, le vostre relazioni e il vostro benessere emotivo. Cambiando queste abitudini, non migliorate solo singoli aspetti della vostra vita, ma rimodellate l'intera base su cui sarà costruito il vostro futuro.

La vostra nuova realtà sarà quella in cui:

La salute diventa un'abitudine, non un obiettivo. Non dovrete forzarvi a fare scelte salutari, ma vi verranno naturali, inserite nella vostra routine.

La ricchezza viene gestita e accumulata sistematicamente, anziché dipendere dalla fortuna o da sforzi sporadici. Avrete gli strumenti per prendere decisioni finanziarie informate, risparmiare intenzionalmente e far crescere il vostro patrimonio nel tempo.

L'intelligenza emotiva guida le vostre relazioni, portando a legami più profondi con gli altri e a un più forte senso di sé. Sarete in grado di affrontare le sfide della vita con grazia, empatia e resilienza.

Nel proseguire il vostro viaggio, ricordate che le abitudini si sommano. Piccole azioni coerenti porteranno a cambiamenti monumentali. Questo è il potere delle abitudini.

Compito di riflessione:

Scrivete un'abitudine chiave che ha il maggior potenziale di trasformare la vostra vita. Descrivete come influirà sulla vostra realtà futura.

2. Il potere della coerenza

Una delle lezioni più importanti che avete imparato in questo libro è che il cambiamento non avviene con improvvise esplosioni di forza di volontà, ma attraverso un'azione coerente. Ricostruire le proprie abitudini è un processo lento e deliberato che non sempre produce risultati immediati. Tuttavia, la costanza darà slancio e alla fine renderà i comportamenti che avete faticato tanto a stabilire una seconda natura.

Anche se la tentazione di ricadere nei vecchi schemi si presenterà, la coerenza che avete coltivato diventerà una forza potente che vi terrà in carreggiata. Se vi impegnate a seguire le vostre nuove abitudini, inizierete a vederle radicarsi, diventando più facili e automatiche.

La chiave del successo:

Non puntate alla perfezione, ma concentratevi sui progressi. Se si sbaglia, è sufficiente rimettersi in carreggiata senza auto-giudicarsi.

Festeggiate ogni vittoria, anche se piccola. Ogni cambiamento positivo rafforza il prossimo passo avanti.

Tracciate i vostri progressi per vedere quanto avete fatto. Questo aumenterà la vostra fiducia e vi aiuterà a rimanere motivati.

3. Accogliere le battute d'arresto come opportunità di crescita

La trasformazione non è lineare e le battute d'arresto sono una parte inevitabile del processo. La chiave è non considerare le battute d'arresto come fallimenti, ma come opportunità di crescita e apprendimento.

Ad esempio, se si ricade in una vecchia abitudine alimentare o in una spesa eccessiva, non bisogna usarla come scusa per arrendersi. Al contrario, sfruttate la battuta d'arresto per identificare ciò che ha scatenato il comportamento, rivalutare le vostre strategie e tornare più forti. Le battute d'arresto sono momenti di riflessione, in cui è possibile modificare il proprio approccio e affinare la propria determinazione.

Come gestire le battute d'arresto:

Rivedete i vostri fattori scatenanti: Quale situazione o sensazione vi ha portato a sbagliare? Come potete affrontarla in modo diverso la prossima volta?

Praticare l'autocompassione: Comprendete che il cambiamento è difficile e siate gentili con voi stessi quando le cose non vanno secondo i piani.

Riorganizzarsi rapidamente: Invece di lasciare che un singolo errore faccia deragliare i vostri progressi, rimettetevi subito in carreggiata e proseguite con determinazione.

Fase d'azione:

Pensate a una recente battuta d'arresto che avete subito. Come potete rielaborarla come un'opportunità di apprendimento e di crescita?

4. Crescita continua e auto-miglioramento

Il lavoro di inversione delle cattive abitudini non è mai veramente finito. La vita è in continua evoluzione e, man mano che si continua a crescere, si incontrano nuove sfide, opportunità e fasi della vita che richiedono un adattamento. Le vostre abitudini si evolveranno con voi e la chiave per un successo duraturo è mantenere una mentalità di crescita continua.

Come continuare a crescere:

Continuare a imparare: Che sia attraverso libri, corsi o esperienze personali, continuate a cercare la conoscenza e a perfezionare le vostre abitudini.

Stabilite nuovi obiettivi: Quando raggiungete un traguardo, fissatene un altro per continuare a spronarvi.

Riflettere regolarmente: Ogni mese o trimestre programmate un momento per riflettere sulle vostre abitudini, sugli obiettivi e sui progressi complessivi.

Più investite nella vostra crescita personale, più potenti diventeranno le vostre abitudini. Diventeranno un sistema che sostiene la vostra visione in continua evoluzione di chi volete essere.

5. L'impatto sugli altri

Cambiando, cambieranno anche le vostre relazioni con gli altri. La trasformazione positiva che sperimentate si ripercuoterà naturalmente all'esterno, influenzando le persone che vi circondano. Quando incarnate abitudini migliori, diventate un esempio di ciò che è possibile fare, ispirando chi vi circonda a cambiare a sua volta.

Rafforzando la vostra intelligenza emotiva, la disciplina finanziaria e la salute fisica, diventerete un partner, un genitore, un amico e un collega migliore. L'energia positiva che si crea sarà contagiosa e porterà a relazioni più profonde e soddisfacenti e a una rete sociale più solidale.

Fase d'azione:

Pensate a una persona la cui vita potrebbe essere influenzata positivamente dalla vostra trasformazione. Come potete condividere il vostro percorso con loro o sostenerli nella loro crescita?

6. Vivere in allineamento con la propria visione

Mentre abbracciate la vostra nuova realtà, assicuratevi che le vostre abitudini siano sempre allineate con la vostra visione a lungo termine. Le vostre abitudini devono riflettere la persona che volete diventare e la vita che volete creare.

Se la vostra visione è quella di essere sani e forti, le vostre abitudini devono sostenere un'attività fisica regolare e un'alimentazione equilibrata. Se la vostra visione è l'indipendenza finanziaria, le vostre abitudini devono includere il risparmio, l'investimento e il bilancio. Se la vostra visione è quella di essere emotivamente intelligenti, le vostre abitudini devono sostenere l'autoriflessione, l'empatia e la consapevolezza.

Come rimanere allineati:

Rivedete regolarmente la vostra visione: Tenetela sempre in primo piano, in modo da orientare le vostre abitudini verso di essa.

Fate gli aggiustamenti necessari: La vita cambia, e così le vostre abitudini. Rivalutate periodicamente se le vostre azioni sono ancora allineate con i vostri obiettivi finali.

7. La vostra nuova realtà inizia ora

Avete fatto il primo passo per invertire le vostre cattive abitudini e stabilire nuove routine che favoriscano la vita. Gli strumenti e le strategie che avete appreso vi serviranno come tabella di marcia per continuare ad avere successo.

Ma non aspettate un momento "perfetto" per iniziare. Iniziate oggi. Le piccole azioni intraprese ora porteranno a grandi risultati nel tempo. Ogni giorno è un'opportunità per rafforzare le nuove abitudini che daranno forma alla vostra nuova realtà.

Incoraggiamento finale:

Siete capaci di trasformarvi. Il potere di cambiare è dentro di voi e ora avete le conoscenze e gli strumenti per farlo. Mantenete chiara la vostra visione, coerenti le vostre azioni e aperta la vostra mentalità. La vostra nuova realtà vi sta aspettando.

Facciamo in modo che accada.

Glossario dei termini

Partner di responsabilità

Una persona fidata che fornisce sostegno, incoraggiamento e feedback onesti per aiutarvi a mantenere i vostri obiettivi e le vostre abitudini.

Automaticità

Lo stato in cui un comportamento diventa così radicato che avviene automaticamente senza sforzo cosciente.

Cattiva abitudine

Un comportamento ricorrente che ha un impatto negativo sul benessere fisico, emotivo o finanziario, spesso innescato da una gratificazione immediata.

Innesco comportamentale

Un evento, un'emozione o uno spunto che dà inizio a un'azione abituale, positiva o negativa.

Effetto composto

Il principio secondo cui piccole azioni coerenti, se ripetute nel tempo, producono risultati significativi.

Spunti

I fattori scatenanti esterni o interni che inducono un comportamento abituale, come l'ora del giorno, il luogo o le emozioni.

Gratificazione ritardata

La capacità di resistere a una ricompensa immediata in favore di una ricompensa più grande o più significativa in un secondo momento.

Disciplina

La pratica di scegliere coerentemente azioni allineate con i propri obiettivi a lungo termine, anche quando sembra difficile sul momento.

Intelligenza emotiva (EQ)

La capacità di riconoscere, comprendere e gestire le proprie emozioni, ma anche di empatizzare e influenzare le emozioni degli altri.

Ciclo di feedback

Un ciclo in cui i risultati del vostro comportamento forniscono informazioni che rafforzano o scoraggiano quel comportamento in futuro.

Disciplina finanziaria

La pratica di gestire il denaro in modo responsabile, mettendo a bilancio, risparmiando ed evitando spese impulsive.

Loop di abitudini

Un ciclo in tre parti che guida il comportamento abituale, composto da spunto, routine e ricompensa.

Accatastamento delle abitudini

La pratica di costruire nuove abitudini collegandole a quelle esistenti, in modo da facilitarne l'instaurazione e il mantenimento.

Gratificazione immediata

Il desiderio di provare piacere o appagamento immediato, spesso a scapito degli obiettivi a lungo termine.

Motivazione intrinseca

Una spinta personale a realizzare qualcosa perché in linea con i propri valori e le proprie passioni, piuttosto che per ottenere ricompense esterne.

Abitudine Keystone

Una singola abitudine che ha un effetto a catena, influenzando positivamente altre aree della vostra vita.

Mindfulness

La pratica di essere presenti e pienamente impegnati nel momento, che aiuta a identificare e modificare le abitudini inconsce.

Neuroplasticità

La capacità del cervello di formare nuove connessioni e percorsi, consentendo cambiamenti nel comportamento e nelle abitudini.

Sovracorrezione

L'atto di fare un cambiamento estremo o insostenibile per invertire una cattiva abitudine, che spesso porta all'esaurimento o al fallimento.

Rinforzo positivo

Premiare un comportamento desiderato per incoraggiarne la ripetizione.

Comportamento reattivo

Una risposta automatica ed emotiva a una situazione senza pause o considerazioni sulle conseguenze.

Riformulazione

L'atto di cambiare il modo di percepire una situazione, spesso trasformando le sfide in opportunità di crescita.

Abitudine alla sostituzione

Un'abitudine positiva adottata deliberatamente per sostituirne una negativa.

Ricompensa

Il beneficio o il sollievo che rafforza un'abitudine, incoraggiandone la ripetizione.

Consapevolezza di sé

La capacità di riconoscere e comprendere i propri pensieri, emozioni e comportamenti, essenziale per cambiare le abitudini.

Arretramento

Un'interruzione temporanea dei lavori che offre l'opportunità di rivalutare e adeguare le proprie strategie.

Obiettivi SMART

Un quadro di riferimento per la definizione degli obiettivi che assicura che gli obiettivi siano Specifici, Misurabili, Raggiungibili, Rilevanti e Tempificati.

La fallacia dei costi irrecuperabili

La tendenza a continuare un comportamento a causa di un investimento passato di tempo, denaro o energia, anche quando non serve più.

Visualizzazione

La pratica di immaginare mentalmente i propri obiettivi e il processo per raggiungerli per aumentare la motivazione e la chiarezza.

Forza di volontà

La capacità di resistere alle tentazioni a breve termine e di concentrarsi sugli obiettivi a lungo termine, spesso vista come una risorsa finita che deve essere reintegrata.

Zona di disagio

Lo stato mentale o emotivo in cui si verificano la crescita e il cambiamento, in quanto sfida i modi abituali di pensare e agire.

Questo glossario vi aiuterà a chiarire i concetti e i termini chiave durante il vostro percorso per invertire le cattive abitudini e creare una trasformazione duratura.

Infine, se questo libro vi è piaciuto, vi preghiamo di condividere i vostri pensieri e di pubblicare una recensione su Amazon. Sarà molto apprezzato!

Molte grazie,

Brian Mahoney

www.ingramcontent.com/pod-product-compliance
Lightning Source LLC
LaVergne TN
LVHW012024060526
838201LV00061B/4441